Auteur : Yves Nadon

Préface : Jocelyne Giasson

Photographies : Martin Blache

Illustrations : Bruce Roberts

Lire et écrire

en première année... et pour le reste de sa vie

CHENELIÈRE ÉDUCATION

Lire et écrire en première année... et pour le reste de sa vie
Yves Nadon

Coordination : Josée Beauchamp
Révision : Danielle Maire
Correction d'épreuves : Danielle Maire
Couverture et conception graphique : France Leduc
Infographie : France Leduc/Tatou communication
Illustrations : Bruce Roberts
Photographies : Martin Blache

Données de catalogage avant publication (Canada)

Nadon, Yves

Lire et écrire en première année — et pour le reste de sa vie

(Chenelière/Didactique)

Comprend des réf. bibliogr.

ISBN 2-89461-928-6

1. Lecture (Enseignement primaire). 2. Écriture – Étude et enseignement (Primaire). 3. Alphabétisation. I. Titre. II. Collection.

LB1525.24.N32 2002 372.41'64 C2002-940766-4

CHENELIÈRE ÉDUCATION

7001, boul. Saint-Laurent
Montréal (Québec)
Canada H2S 3E3
Téléphone : (514) 273-1066
Télécopieur : (514) 276-0324
info@cheneliere-education.ca

ISBN 2-89461-928-6

Dépôt légal : 2e trimestre 2002
Bibliothèque nationale du Québec
Bibliothèque nationale du Canada

Imprimé et relié au Canada
4 5 A 06 05

Dans cet ouvrage, afin d'alléger le texte, le masculin a été utilisé. La lectrice et le lecteur verront à interpréter selon le contexte.

Nous reconnaissons l'aide financière du gouvernement du Canada par l'entremise du Programme d'aide au développement de l'industrie de l'édition (PADIÉ) pour nos activités d'édition.

L'Éditeur a fait tout ce qui était en son pouvoir pour retrouver les copyrights. On peut lui signaler tout renseignement menant à la correction d'erreurs ou d'omissions.

À Minne, l’étincelle. À Daniel, l’inspiration.

Je crois à la liberté de choisir ses lectures autant que n'importe qui. Mais les jeunes ne connaissent pas la grande richesse des livres disponibles. Quelqu'un en qui ils ont confiance doit être assez sage et aventureux pour leur donner un livre qu'ils n'auraient jamais su choisir.

Il n'est pas suffisant de juste apprendre à lire aux enfants; nous devons aussi leur donner quelque chose qui ouvrira leur imagination, quelque chose qui les aidera à donner un sens à leur existence et qui les encouragera à tendre la main vers des personnes dont les vies sont différentes de la leur.

Katherine Paterson
auteure de *Le Royaume de la Rivière*

Table des matières

Préface

Le constat des recherches des dernières années confirme que la meilleure façon de prévenir les difficultés en lecture au primaire consiste à fournir un enseignement de qualité en première année. Voilà qui justifie amplement la publication de ce livre, puisque le lecteur y trouvera une pédagogie exemplaire de la lecture et de l'écriture pour les lecteurs débutants.

Dans ce livre, Yves Nadon nous livre le quotidien de sa pédagogie. À l'intérieur d'une approche empreinte à la fois de rigueur et de souplesse, il nous propose une démarche riche en réflexion, un itinéraire clair dans ses principes et dans ses applications. Le contenu de ce livre est remarquable par la démonstration qui y est faite de l'intégration de la théorie et de la pratique. Sans abuser du jargon scientifique, mais sans pour autant se limiter à une description d'activités, Yves Nadon réussit à tisser un lien organique entre, d'une part, de solides données de recherche et, d'autre part, des pratiques sensées et viables qui proviennent de son expérience d'acteur de terrain. La cohérence pédagogique qui se dégage de ce cheminement peut être qualifiée de « lumineuse ».

Ce livre comblera les enseignants qui veulent tenter l'expérience d'enseigner à lire aux enfants autrement qu'avec un manuel. Bien souvent, les premiers essais des enseignants en ce sens donnent lieu à des dérives multiples faute de soutien et de modèle. Yves Nadon a su réaliser ce passage du « tout prêt » au « sur mesure ». Parce qu'il croit que la réalité de la classe est imprévisible et plurielle, et qu'elle s'adapte difficilement à une méthode préconçue, il préfère miser sur l'intelligence et les potentialités de l'enfant. Il a choisi d'exploiter les situations qui émergent de la vie de la classe pour développer des lecteurs chercheurs de sens. Dans ce livre, il partage généreusement avec nous son expérience à partir d'exemples concrets et signifiants.

La littérature pour enfants occupe une place de choix dans cette pédagogie. On sait que la littérature joue plusieurs rôles auprès des enfants : elle leur sert à mieux connaître le monde qui les entoure tout en les aidant à construire des attitudes positives, comme l'estime de soi, la tolérance envers les autres, la curiosité envers la vie. Dans la classe d'Yves Nadon, les élèves ont un contact privilégié avec une littérature de qualité choisie avec soin. L'écriture est également très présente et bien vivante dans cette classe : bien loin des cahiers d'exercice, les projets d'écriture s'épanouissent de façon naturelle parce que les enfants ont des choses à dire et à écrire.

Philippe Meirieu disait un jour : « En matière de pédagogie, tout a été pensé, pratiquement rien n'a été fait », mais il semble qu'il n'avait pas complètement raison, car ce qui a été pensé en matière de renouvellement de l'enseignement de la lecture en première année, Yves Nadon l'a bel et bien réalisé dans sa classe.

Ce livre se lit comme un roman : c'est la belle histoire d'une classe qui lit et qui écrit avec passion parce qu'elle baigne dans un climat où l'enseignant est lui-même passionné. De toute évidence, ce livre sera pour plus d'un enseignant un modèle inspirant.

Jocelyne Giasson
professeure titulaire, Université Laval

Avant-propos

Jean Larose écrivait dans le journal *Le Devoir* qu'enseigner la lecture et l'écriture avec autre chose que de la littérature équivalait à enseigner la géographie avec des dépliants de voyage. Sur ce point, je suis d'accord avec lui. Le présent ouvrage n'a pas la prétention de régler toute la question de l'apprentissage de la lecture et de l'écriture, mais il met en relation le gros bon sens, la pratique de classe et les recherches en éducation.

Sa construction est donc fort simple : je vous ferai vivre ma classe à différentes étapes de l'année. Des observations, des travaux d'élèves, des réflexions, sans citations universitaires. Non pas que celles-ci me répugnent : un bref survol de la bibliographie convaincra les lecteurs du contraire. Mais le temps est venu de laisser les praticiens affirmer leur expertise, nous qui avons la tâche hautement complexe de concilier recherche et pratique.

Ce livre ne se penche pas sur la « réforme », le « nouveau programme », les « nouvelles directives » ou les « éditoriaux ». Je ne crois pas que ceux-ci opèrent des changements importants, et il est souhaitable que ce soit ainsi : les innovations sont plutôt proposées par des enseignants professionnels qui réfléchissent sans qu'on les incite à le faire. On ne peut attendre moins de ceux dont le travail a tant d'importance pour l'individu et la société. Ce ne sont pas les programmes ou les méthodes qui enseignent, ce sont les enseignants. Et j'ai passé l'âge de la pensée magique où l'on dicte d'en haut les changements à opérer, comme si tous les enseignants étaient des exécutants identiques. Ce livre est mon bras d'honneur à cette croyance.

Certains pourraient croire que le contenu de ce livre n'est destiné qu'au premier cycle. Au contraire, il est destiné à tout le système scolaire, mais s'attarde techniquement à ce niveau. J'espère de tout cœur que des enseignants des autres cycles y puiseront réflexion et inspiration.

Cet ouvrage est trop court. À vous d'en reconnaître les limites et d'en combler les lacunes, en espérant que les prochaines générations n'auront pas besoin d'acheter des cartes déjà écrites pour exprimer leurs sentiments…

Remerciements

Les lectures, les visites de classes, les discussions qui s'éternisaient en soirée, les longs appels téléphoniques et les courriels incessants ont pavé le chemin de mon écriture et de mes croyances. Je dois beaucoup à de nombreuses personnes.

Un grand merci à de nombreux collègues et parents de l'école publique Notre-Dame-du-Rosaire, où j'enseigne depuis 16 ans. Leur soutien et leur joie de vivre font que jamais je ne voudrais enseigner ailleurs. Et, même s'il profite maintenant d'une retraite méritée, je ne peux passer sous silence André Allen, pour sa confiance inébranlable.

Merci à mes directeurs de thèse, qui ont tant essayé, chacun à leur façon, de me la faire terminer : Jacques Tardif, Raymond Tétreault et Guy Boudreau. Ce livre est une des conséquences de leur patience !

Quand, en 1989, je cherchais des solutions à des problèmes, j'ai eu la chance de rencontrer, lors d'un congrès à Toronto, Lorraine Gillmeister-Krause et Peter Krause. Je leur dois beaucoup : les lectures, les congrès et les rencontres de cette année-là ont influencé ma vie professionnelle à jamais. Qu'ils en soient enfin remerciés adéquatement et sachent l'impact de leur amitié.

Becca Brooks m'a ouvert sa classe de première année durant sept jours quand j'ai voulu observer des maîtres enseignantes. Sa gentillesse et sa générosité m'ont permis de m'améliorer et de me remettre en question. L'amitié qui reste est une joie.

Je n'aurais pu avancer sans les remises en question et les échanges avec Manon Aubert, ma collègue de troisième année. Savoir qu'elle enseignera à mes élèves me rend heureux. Et travailler avec Marilou Labrecque ces dernières années a rendu mon travail encore plus agréable.

Véronique M. Le Normand a été l'étincelle de ce livre. Quand, frustré par la lecture d'un article de journal, je lui ai envoyé un texte plutôt pamphlétaire, elle m'a répondu : « Tu t'es défoulé ? Maintenant, écris ton livre ! » Ses courriels de Paris, et nos visites annuelles, me sont précieux.

Maggy Thruston et Liliana Grieco ont su canaliser mes énergies et m'aider à repousser mes limites : je les ai connues éditrices, elles sont maintenant des amies.

En 1989, j'ai eu le bonheur de rencontrer Dorothy Watson, mère spirituelle, chercheuse brillante et femme extraordinaire, toujours accessible. Cette femme d'une vivacité hors du commun est un baume dans un monde scolaire parfois si bureaucratique.

La confiance que me témoigne Serge Théroux, des Éditions Les 400 coups, et son ouverture d'esprit ont fait en sorte que je le considère comme un ami et un collègue. Dans quelle belle aventure il m'a entraîné ! Souhaitons que l'excellence de sa maison d'édition soit reconnue ! Je remercie aussi Sophie Deschênes, de la même maison, pour sa patience et son calme.

Robert Paré, des Éditions de la Chenelière, a gentiment écouté mes nombreuses questions : je ne peux que dire merci.

J'aimerais remercier spécialement Suzanne Bourgouin, Monique Lepailleur, Marlyn Grant et Chantal Bonneville, des copines et des collègues, qui ont eu l'amabilité de relire ce manuscrit à toutes les étapes de sa réalisation, et à Renée Davis pour sa relecture de novice, qu'elle dit... Et toute ma gratitude à Jocelyne Giasson, qui a su trouver, malgré un horaire chargé, du temps pour critiquer mon texte et écrire la préface.

Depuis plus de 15 ans, j'écoute les suggestions de Jeanne Desautels, une bibliothécaire remarquable. La Ville de Sherbrooke peut en être fière.

Ma classe ne serait jamais ce qu'elle est sans le dévouement et la disponibilité du concierge de mon école, Richard Bolduc. Il est toujours prêt à rendre service, à trouver des solutions à divers problèmes et à suggérer des activités pour les enfants. Je souhaite à toutes les écoles un être aussi attentif. L'irremplaçable secrétaire de mon école, Lucie Provençal, qui endure toutes mes demandes, mérite plus que des remerciements (peut-être une béatification !). Trois directions d'école successives m'ont traité comme un collègue, et non comme un employé subalterne : Jean Verlez, Johanne Pellerin et Suzanne Bernard.

Les belles photos de mes élèves sont l'œuvre de Martin Blache, qui a gentiment offert son talent. Les dessins sont de Bruce Roberts : j'ai reçu chacun d'eux comme un cadeau. Mille fois merci à ces deux artistes.

Les auteurs cités dans ce texte et dans la bibliographie ne sauront jamais le bien que leurs ouvrages m'ont fait. Ils ont nourri et formé l'enseignant que je suis devenu.

Mes nombreux élèves sont ici vivants et présents, regardant par-dessus mes épaules. Qu'ils ne soient pas déçus.

Enfin, et de façon plus personnelle, mes deux fils, Josué et Camill, qui ont plus d'une fois vu leur père monter au grenier pour écrire, et ma compagne de vie, France Leduc, pour tout le reste, et ce qui viendra. Je sais qu'elle trouvera ce dernier paragraphe de trop. Il ne l'est pas.

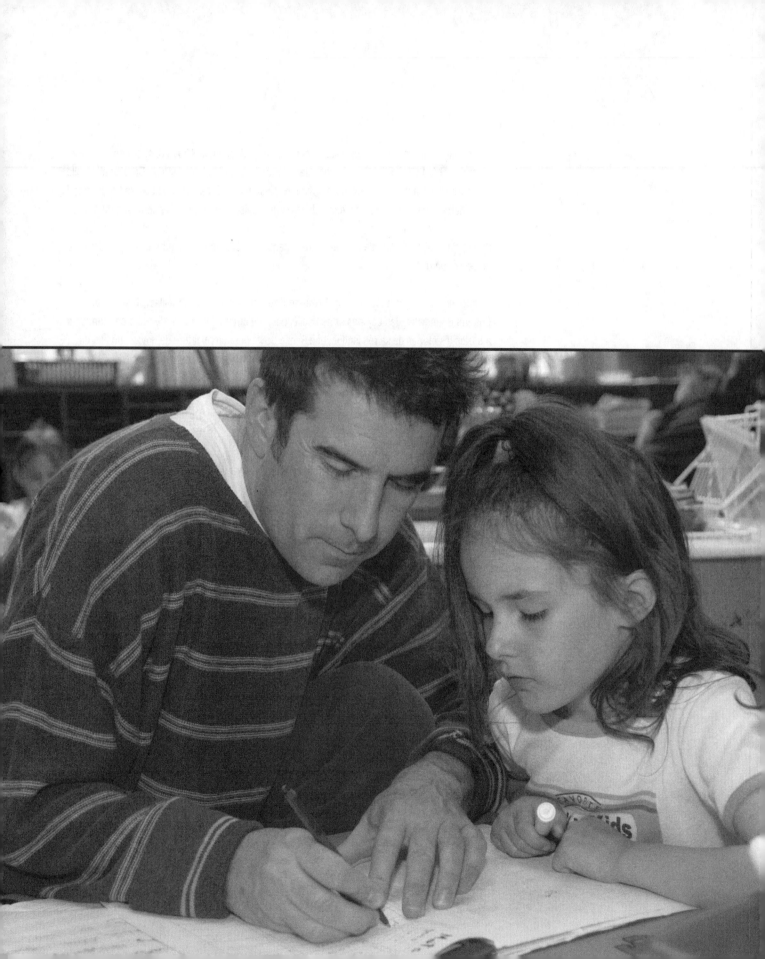

1

La pire des maladies que nous puissions contracter, c'est la suppression de la conscience de ce qui nous entoure.

Manuel Rivas
Le crayon du charpentier

Mais c'est si difficile de renoncer à ce que nous étions sans savoir ce que nous allons devenir...

Frank Le Gall et Lewis Trondheim
Vacances de printemps

Avant de commencer, ce que je crois

Plein de bonnes intentions, à l'époque, je ne savais pas toujours montrer mon plaisir de lire. J'énervais souvent mes élèves en leur lançant un tas d'injonctions. « Répondez à la question : "Qui est la mère de *Georges Bouillon* ?" Lisez *Charlie et la chocolaterie* ! Interprétez cette phrase des *Carnets de Lily B.* : "La vérité, ce n'est pas ce qu'on raconte, c'est ce que les autres veulent croire." Lisez cette page du manuel ! Relisez la page 55 ! Lisez à haute voix *Christophe au grand coeur*. Ne lisez pas d'albums, vous êtes trop vieux ! Expliquez pourquoi Gus s'est lié d'amitié avec Danny dans *Le terrible trimestre de Gus*. Réécrivez *Alexis, prince des nuits* en remplaçant Alexis et sa mère par une fille et son père ! »

Imaginez mon libraire qui s'inquiète avant de me vendre un livre et me demande si j'ai bien compris ma lecture précédente. Si j'ai vu la finesse de l'intrigue. Si j'ai assez d'esprit poétique pour comprendre ce texte. Si je me rends compte de la portée idéologique du roman. Bref, si je mérite tout simplement de le lire ! Et si je rate son examen de dix questions, je ne pourrai en acheter un autre et je devrai relire le précédent !

Faillite assurée pour ce libraire. Il perdrait ses clients. Non, mon libraire favori agit autrement. Et je sais qu'il aime lire, non parce qu'il m'impose ses choix ou parce qu'il me le dit, mais bien parce que nous partageons notre plaisir.

Il y a, en fin de compte, deux types de lecture : esthétique et informative. La lecture informative répond à un besoin de savoir, de connaître, et peut même être remplacée par l'accès à une autre source d'information. La lecture esthétique, par contre, répond au besoin de se faire raconter et est irremplaçable. On ne lit pas un livre de Robert Cormier pour se renseigner ou pour le finir : on le lit pour vibrer, pour vivre. Le plaisir est *durant* la lecture.

La fin d'un bon livre est toujours un deuil, la fin abrupte d'une liaison. Dommage que l'on traite souvent les deux types de lecture de la même façon : aucune vie, que des questions. J'ai parfois fait mon boulot comme un imbécile, comme un fonctionnaire, avec le seul souci d'évaluer, de mettre en fiche, de comptabiliser les pourcentages...

Depuis plus de 20 ans, les recherches sur l'écriture et la lecture pointent vers de nouvelles directions et offrent de nouveaux choix. Parallèlement à ces recherches, des praticiens informés ont renouvelé leur pédagogie et accepté des exigences nouvelles : ils ont su innover efficacement. Le monde se transforme, de nouveaux problèmes surgissent, la société se questionne, les outils s'améliorent et les livres pour enfants se multiplient. Il serait dommage de ne pas profiter de ces changements, tout en gardant ce qui est déjà cohérent et fonctionnel. Le temps est venu de poser un nouveau regard sur l'enseignement de la langue.

Il faut traiter les enfants comme des lecteurs et comme des scripteurs. Pas nouveau, j'admets. Mais peu ont accepté d'aller jusqu'au bout, particulièrement en première année, au début de l'apprentissage. On réalise de belles activités, de beaux projets, mais l'apprentissage de la langue demeure dans la même ornière.

Le temps est venu pour nous, les enseignants, d'être aussi enthousiastes que mon libraire.

Une première journée

Les enfants entrent, trouvent leur place (leur nom est affiché à une table et est accompagné de tâches : signer leur nom, vider la poubelle, répondre à un sondage...), lisent ou se font lire les tâches à réaliser et signent leur nom. Ils se rassemblent ensuite dans le coin de lecture, endroit confortable où tous peuvent s'asseoir. Je vais lire avec eux le premier message de l'année et ils se familiariseront ainsi avec certains rituels de la classe.

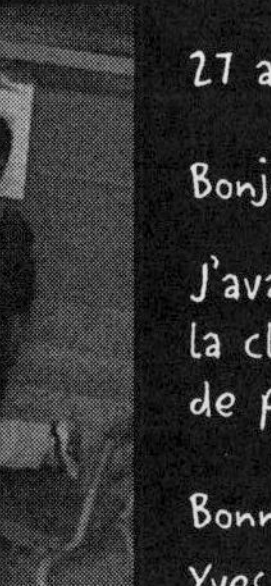

27 août 2000

Bonjour les enfants !

J'avais hâte de vous voir. J'ai préparé la classe et nous allons avoir beaucoup de plaisir.

Bonne journée, bisous,
Yves

Nous lisons le message ensemble. Je donne quelques indices (Par quoi peut commencer un message ? Connaissez-vous un mot qui commence par la lettre B ? par le son B ? Que dit-on quand on rencontre une personne ?), on le relit quelques fois, on écrit les mots *les* et *la* avec des lettres magnétiques, je les habitue à reconnaître *bisous*. Quelques jours plus tard, un élève partira à la maison avec le message et tentera de le lire avec ses parents (l'obtenir, un défi !).

Nous préparons ensemble une partie du calendrier. Cette activité deviendra un des rituels du début de la journée (voir www.center.edu/NEWSLETTER/newsletter.html pour les détails complets de ce calendrier et autres détails pratiques en mathématiques).

Plus tard, après des activités techniques (attribution des casiers, inscription des noms, consignes sur les déplacements et le respect du matériel et des personnes, remise en place des livres lus, étiquetage des boîtes de livres), je regroupe les enfants au coin de lecture, par terre, près de moi et de mon tableau d'écriture, pour leur lire quelques histoires que je sais passionnantes. Ce seront les premiers de nombreux contes et le commencement d'une culture littéraire commune.

Ensuite, c'est la période d'écriture. Je me demande à haute voix ce que j'écrirais bien aujourd'hui. Je leur raconte ce que j'ai fait hier lorsque ma voisine m'a demandé de l'aider à se débarrasser d'une chauve-souris. Sur une grande feuille, je dessine ma voisine, la chauve-souris et moi. Ensuite, je me demande quoi écrire dessous. Je décide finalement d'écrire *J'ai vu une chauve-souris hier*. Je les invite à dire ce qu'ils aimeraient dessiner et écrire, leur montre où sont les feuilles et les envoie travailler à leur place.

Des exemples de premiers écrits d'élèves

En circulant, j'invite chaque élève à m'expliquer son dessin. Quand je juge le moment venu, je leur demande un à un ce qu'ils veulent écrire et les invite à le faire.

Les enfants écrivent comme ils croient devoir écrire et je les encourage à le faire.

- Quelles lettres peux-tu mettre ?
- Mets les lettres que tu connais.
- Tu seras capable de te lire ?
- Bravo, tu écris beaucoup de lettres !

Pour les quelques récalcitrants, je prends le crayon de l'enfant et je dis : « Alors, qu'est-ce qu'on écrit ? » J'écris alors les lettres qu'il me dicte et nous lisons ensemble son message. Je lui demande ensuite de terminer l'écriture. Quand tous les enfants ont écrit (ou presque) et qu'ils en sont à peaufiner leur dessin, je les regroupe et en invite certains à lire ce qu'ils ont écrit en s'asseyant sur la chaise des auteurs. Deux ou trois enfants font des commentaires ou posent des questions sur le texte ou le dessin.

La première journée est terminée. Le pire est passé.

04 SEP. 2001

SEP. 2000
J'ai été ché mo Papa
Marianne Perry

Cette première journée n'est pas vraiment différente de celles qui suivront. Les rituels sont établis, ma responsabilité ira en décroissant et la leur, en augmentant. Je sais aussi, et je l'expliquerai plus loin, que je dois laisser les enfants essayer d'écrire et de lire pour utiliser ce qu'ils connaissent déjà de la langue. On parle souvent, en pédagogie, des connaissances antérieures sans jamais réfléchir à celles de l'orthographe et de la capacité de lire chez nos apprentis. Et c'est ce qu'il faut comprendre : mes élèves sont des apprentis dans un club de lecteurs et de scripteurs (et de mathématiciens, de scientifiques, de…). Dans ce club, nous avons droit à tous les avantages sociaux. On lit avec des experts, on écrit avec des experts, on tente de bien faire avec ce que l'on sait et avec les conseils des experts. Comme dans tout club, il n'est pas nécessaire d'avoir atteint un certain degré d'expertise pour participer aux activités. Avec le temps et l'expérience de ceux qui les entourent, les enfants s'améliorent. Nul besoin d'exiger la perfection au départ.

Je dois, par contre, avoir des attentes élevées : je m'attends à ce que mes élèves écrivent et lisent des choses sensées du mieux qu'ils le peuvent. Je suis toujours déçu par le peu qu'on exige des élèves de première année : on ne fait que de la calligraphie, on remplit des espaces sur des feuilles, on copie ce qui est au tableau, on n'a presque pas de livres, leurs idées sont écartées pour faire place à celles des autres (le manuel)… Pourtant, ce n'est pas ainsi qu'on leur a montré à parler, à s'habiller, à faire du vélo, à manger seuls. Non, nous avons exigé *toute* l'activité, quitte à la rendre plus facile. Peut-on obliger un bébé à manger sans renverser son bol, à s'exprimer parfaitement dès les premiers balbutiements, ou à parler aux enfants en n'utilisant que des mots contenant le son « m » ou des phrases de trois mots ?!

On pourrait appliquer ce tableau à presque tous les apprentissages avant l'école ou hors de l'école : le vélo, la marche, les lacets à nouer, le pantalon à mettre, les repas, etc. Cette façon de traiter les gens et d'encadrer leurs apprentissages n'a pas de nom pédagogique, car elle est efficace : on ne cherche donc pas à la changer. D'où l'inutilité sociale de la nommer.

Tableau 1.1

Langage oral	Lecture et écriture à l'école
Bain de langage créé par les paroles, les chansons, les lectures, la télévision, la radio, le quotidien, les sorties, les amis, la famille, etc.	Le **bain** est ici minime : peu de livres de qualité, parfois peu d'affiches.
Erreurs phonétiques acceptées (ma pour maman), erreurs sémantiques refusées (non, c'est un chien, pas une vache), ce qui favorise la **pratique**.	**Erreurs** phonétiques et sémantiques refusées, ce qui décourage la pratique chez certains.
On **aime** ses parents.	**Amour** des enseignants ? J'espère.
Les gens autour de nous utilisent le langage et semblent **aimer le langage**.	Les enfants ont parfois peu de preuves que certains enseignants **aiment** lire et écrire, si ce n'est des contraintes de leur tâche.
Beaucoup de **démonstrations** pour corriger (–Papa, pomme ! –Tu veux que papa te donne la pomme ? Tu veux manger la pomme rouge ? Tu veux que papa te donne la pomme rouge ?), des **explications** et de la **pratique**.	Il y a trop peu de **démonstrations** concernant la lecture et l'écriture, beaucoup d'**explications** et parfois peu de **pratique** véritable (ou parfois, selon certaines modes pédagogiques, beaucoup de **pratique** sans explications ni **démonstrations**).
Évolution des interventions.	Souvent la même **évolution** : séquence identique d'une année à l'autre, d'un groupe à l'autre et d'un enfant à l'autre.
Obligation d'apprendre, mais la **responsabilité** de l'apprentissage revient à l'enfant qui décide des mots à apprendre et des idées à formuler. Il doit parler, même si c'est imparfait.	**Obligation** d'apprendre mais peu de **responsabilités** : tu liras les textes que l'enseignant choisit, tu écriras sur les sujets qui te sont imposés…
On a **confiance** que l'enfant apprendra à parler et aucun système ne met le doute dans la tête de l'enfant.	Le **doute** nous fait contrôler la réussite par un excès de corrections et des examens à outrance.
Objectifs à long terme similaires mais objectifs à court terme différents d'un enfant à l'autre, d'une famille à l'autre.	Mêmes **objectifs** à long terme et à court terme pour tous.
Célébration des efforts et des réussites (on fête « ma » pour maman comme si c'était la réussite).	**Célébration** de la réussite seulement (le bulletin en est un parfait exemple, les mots bien écrits aussi).

La classe

Ma classe est un lieu de savoir[1]. Je veux que les élèves et les parents sachent, en la voyant, que cette classe est un endroit pour lire, écrire, s'interroger, chercher et réfléchir. Tout cela doit être évident dans ma classe.

Je me souviens d'une librairie de Soho, à New York, meublée de grandes bibliothèques de chêne allant jusqu'au plafond et accessibles par une échelle. C'était magnifique et le calme qui s'en dégageait était merveilleux. On savait ce qu'on y trouverait, on comprenait l'importance des livres. Le message était limpide : bienvenus étrangers, ici, nous adorons lire et nous ferons tout pour que vous trouviez et achetiez un livre.

J'ai la même impression quand j'entre dans la bibliothèque municipale, dans le Planétarium, quand je visite le jardin botanique de Montréal, un musée, un centre équestre ou tout autre endroit spécialisé. Chacun de ces endroits nous invite à partager son amour des belles choses.

Oui, l'ambiance est importante, oui, l'invitation par les murs est obligatoire. Nous affichons nos croyances et nos valeurs. Nous disons haut et fort ce que nous aimons et ce que nous désirons et valorisons : qu'il y ait plus de livres dans les pharmacies que dans certaines classes ou écoles est un scandale. J'y reviendrai plus loin.

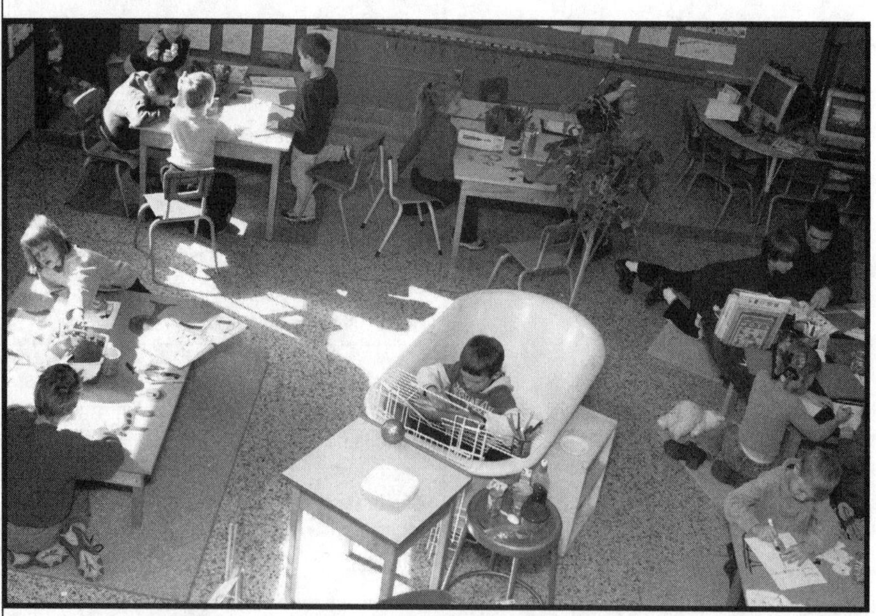

[1] Lire et écrire sont des facettes importantes de notre enseignement et de nos passions. La littérature, les auteurs, la beauté de l'écriture sont valorisés, utilisés et incontournables. L'enseignant dans ces classes connaît la littérature, connaît les processus et connaît directement l'écriture. Dans ces classes, nous voulons que nos élèves deviennent lecteurs et scripteurs pour la vie. Des êtres curieux qui lisent et écrivent.

Le décor de la classe

Étiquettes :
fournitures, meubles, coins, travaux affichés, cahiers, journaux personnels, journal de lecture, etc.

Livres :
abécédaires, dictionnaires, dictionnaires de rimes, livres de mots, livres alphabétiques, livres de jeux de mots, albums.

Les livres devraient être facilement accessibles et bien rangés dans un endroit invitant. Le mieux est de les placer dans des bacs étiquetés.

Deux genres de petits livres alphabétiques : l'un adapté de modèles extraits du livre *Guided Reading*, l'autre fabriqué par les élèves avec l'aide de leurs parents.

Affiches :
noms, alphabet, liste de mots travaillés en classe, liste de mots regroupés par thèmes ou caractéristiques de langage, rimes, chansons, poèmes, messages, lettres, observations, sondages.

Pour les affiches des notions apprises en classe, il vaut mieux les fabriquer à chaque année plutôt que d'utiliser des affiches commerciales. Même si l'on répète toujours les mêmes principes, chaque affiche doit refléter l'idéation du groupe. Faites comme certains enseignants qui accrochent les affiches à des cintres qu'ils placent dans une armoire. Quand les élèves doivent revoir une liste ou une notion, tout est à la portée de la main.

Matériel :
alphabet (frise, affiche), lettres (de plastique, magnétiques, de scrabble, pour frottis[2], etc.), images (pour travailler la notion de mots), matériel pour fabriquer des lettres (cure-pipes, pâte à modeler), matériel de calligraphie (sel sur fond noir, bac de sable, grilles à suivre, gel en sac, etc.), mots sur médium (carton, magnétiques), tableaux à pochettes, jeux de dictée électronique.

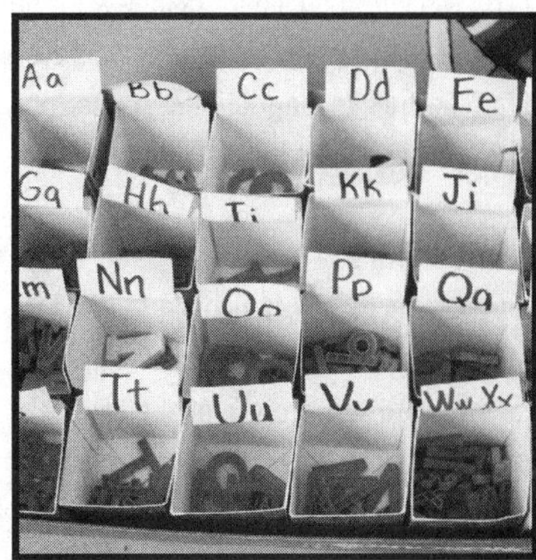

Tableau pour écrire :
tableau assez grand pour y mettre de grandes feuilles de papier à l'horizontale (plus lisible qu'à la verticale et moins encombrant), pot fixé à l'arrière avec des

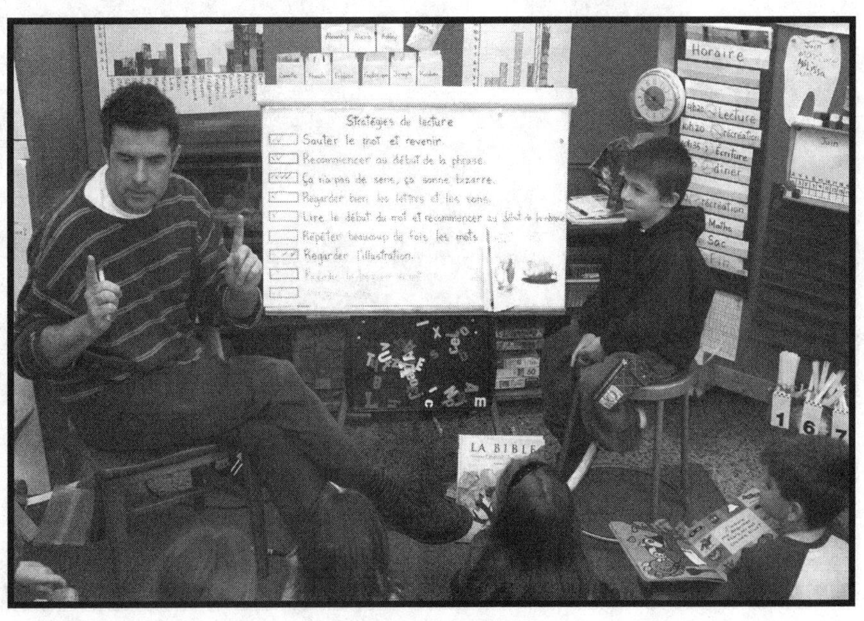

[2] On peut facilement fabriquer des lettres pour frottis en écrivant les lettres de l'alphabet sur des cartons de 10 cm par 10 cm. On étend ensuite de la colle blanche sur ces lettres et on laisse sécher toute la nuit.

feutres, tôle à biscuit noire vissée au bas pour y poser des lettres magnétiques, bord assez grand pour supporter un grand livre, feuille métallique collée sous le papier afin de permettre le travail avec les lettres magnétiques, cartons précoupés pour les mots à mettre au mur.

Mur de mots :

un mur de mots est une série de mots affichés en grosses lettres sur un mur ou un babillard, en ordre alphabétique. Ces murs de mots aident à comprendre les mots, incitent à la lecture et à l'écriture, aident durant la lecture et l'écriture, favorisent l'autonomie et donnent un référent visuel pour lier des mots.

Pour utiliser ce mur de façon efficace :

- Parler des mots avant de les afficher. Faire ressortir leurs caractéristiques, en chercher de nouvelles. Attention aux aspects sonores, visuels et sémantiques.
- Mettre les mots au mur en présence des élèves.
- Écrire des lettres visibles de partout dans la classe.
- Créer un mur cohérent pour que le lecteur perçoive et comprenne son organisation.
- Placer au bas du mur des pochettes de bibliothèque, en ordre alphabétique. Y déposer une copie des mots pour que certains enfants puissent les apporter à leur place s'ils ont de la difficulté à voir de loin.

Quelques façons de discuter des mots :

- Scander les syllabes en battant des mains.
- Relier certaines parties avec d'autres mots (préfixes, suffixes, syllabes, mot dans un mot, phonème, etc.).
- Expliquer le son de certaines lettres ou d'un ensemble de lettres.
- Expliquer les lettres muettes, au début et à la fin des mots.

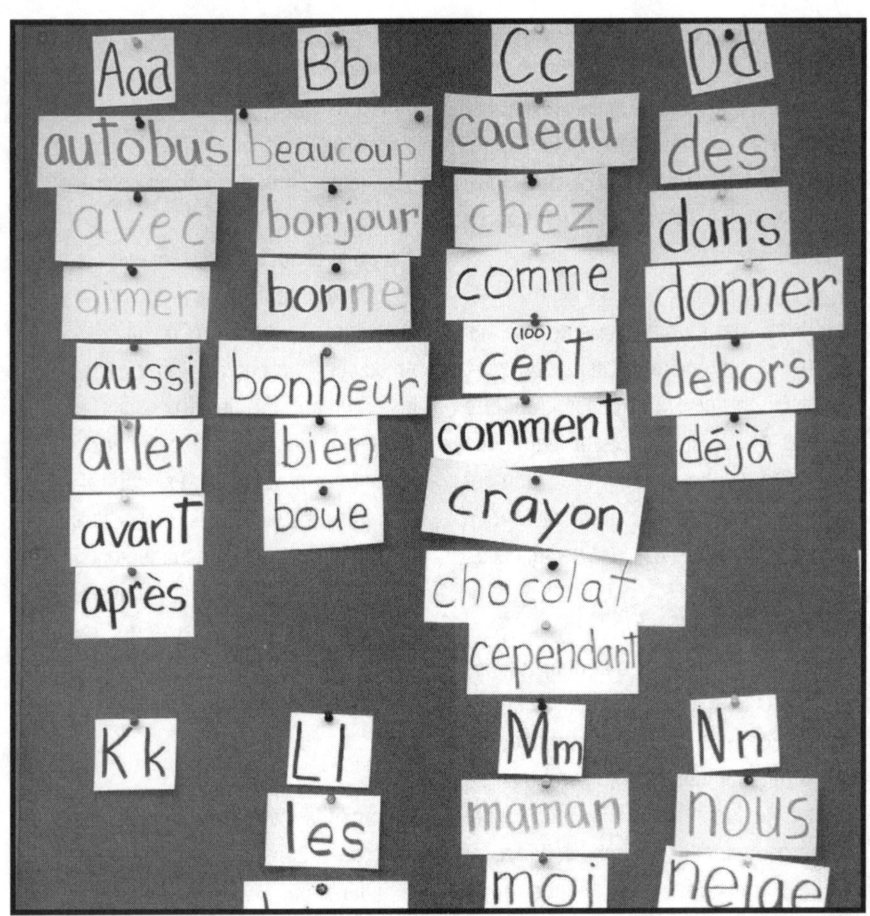

Après la discussion :

- Encourager les élèves à utiliser les mots affichés.
- Leur demander de bien observer ces mots.
- Leur donner des aide-mémoire.
- Indiquer l'emplacement des mots sur le mur.
- Leur rappeler de vérifier ces mots quand ils écrivent.
- Si le son d'un mot ressemble à celui d'un mot affiché, leur rappeler qu'ils peuvent utiliser ce dernier ou écrire ce nouveau mot.

Ce mur n'est pas simplement un affichage de mots ni une autre façon de montrer des mots. À la différence des mots affichés selon les instructions d'un manuel, ils sont choisis par l'enseignant en fonction de l'écriture de ses élèves et de sa connaissance de leurs besoins.

Suggestions de mots à afficher :

- Mots courants.
- Mots spécifiques des besoins d'élèves.
- Mots usuels de la langue française.
- Mots illustrant des notions orthographiques.

Murs complémentaires :

prénoms, noms, thématiques, homophones, mur de lecture composé de mots découpés dans des emballages, des circulaires, etc.

À la maison, je préfère lire sur le divan, au lit avec deux oreillers, couché à plat ventre, un thé glacé à la main ; j'aime lire à l'extérieur, sur la terrasse d'un café. Certains endroits m'incitent à la lecture, d'autres non. Il est rare que je m'assoie à un pupitre pour lire…

Les élèves sont comme vous et moi : ils ont droit à un environnement convivial, confortable, propice à la concentration, à une classe qui dit tout haut que nous aimons lire et que nous lirons. Comment passer six heures par jour dans ces endroits parfois si tristes, sans personnalité, sans vie apparente ?

J'ai donc, comme bien d'autres, réaménagé ma classe. Quelques coussins, des étagères de livres, une mezzanine, un divan et un bain coussiné (un vrai bain de lecture !). Le concierge de mon école (bénissons ensemble les bons concierges) a même transformé une toilette en y ajoutant un dossier confortable, prétextant que certaines personnes ne lisaient qu'à cet endroit ! Des tables pour augmenter l'espace, quelques tables basses sans chaise (le bruit en moins, le confort en plus, les enfants aiment), des plantes…

J'ai eu la chance de visiter diverses salles de classe organisées autrement, propices elles aussi à la lecture. Chacune avait son ambiance, son charme. On y entrait avec le sentiment de pénétrer dans un lieu privilégié, un lieu calme où les élèves aiment lire et travailler. Par contre, j'ai vu des classes que l'on dit centrées sur les enfants, mais où l'aménagement invitait au désordre et n'indiquait aucune priorité, ainsi que des classes austères, centrées sur le manuel, où tout ne semblait que routine. Des adultes absents dans les deux cas.

Si l'on doit passer sa journée dans un endroit, autant le rendre agréable et stimulant pour tous, n'est-ce pas ?

Rituels du matin

En arrivant en classe, les enfants savent ce qu'ils doivent faire pour les quinze minutes qui suivent. Je travaille fort en début d'année à mettre en place un rituel qui établit le calme au début de la journée. Ce rituel permet aux enfants d'être responsables de certains aspects de la classe, de pratiquer en contexte les mathématiques et le langage. De plus, ce rituel me donne le temps de dire bonjour à tous les élèves et de m'entretenir avec certains d'entre eux.

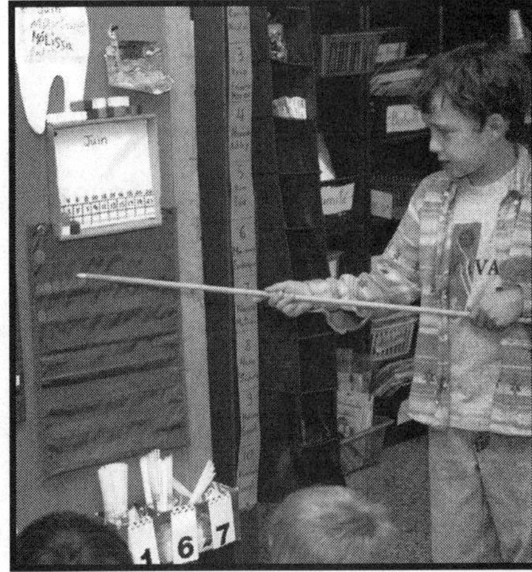

Tâches des élèves

Les enfants ont, chaque mois, une équipe d'appartenance. Ces équipes sont *nuit*, *automne*, *hiver*, *printemps* et *été*. Chaque équipe a des tâches particulières le matin, mais pas nécessairement les mêmes chaque jour. Les élèves doivent aussi signer la feuille d'équipe pour signifier leur présence en classe. Vous verrez en appendice différentes feuilles de tâches. En plus de ces tâches, les enfants ont d'autres responsabilités (voir l'annexe A-1).

Chef du matin

Il lit le calendrier seul à partir d'octobre, ainsi que l'horaire de la journée à haute voix. Il fait les courses et écrira plus tard le message du matin.

Anneau de mots

Le deuxième jour de classe, chaque élève reçoit un anneau de douche. Il vient me voir durant les tâches du matin pour me dire le mot qu'il veut apprendre à lire. J'écris le mot sur une bande de carton perforée que je glisse sur son anneau. Mais avant, nous observons ensemble ce mot, nous l'épelons, nous remarquons ses similitudes avec d'autres. Ensuite, l'enfant va à sa place et fait un dessin au verso, au cas où il oublierait le mot. Après avoir observé le mot une dernière fois en le disant dans sa tête, il replace l'anneau à l'endroit approprié. À la fin de la semaine, les enfants viennent me voir avec l'anneau et une boîte identifiée à leur nom (je prends des boîtes de croustilles *Pringles*, petites et pratiques). Je leur montre les mots un à un, mets les mots bien lus dans la boîte et jette les mots ratés.

Pourquoi les jeter plutôt que de les conserver pour la semaine suivante ? Afin d'éviter qu'un enfant qui a de la difficulté soit aux prises avec une quantité indigeste de mots. Nous avons du temps devant nous, des leçons à donner, des stratégies à acquérir. L'essentiel est fait. Je peux évaluer rapidement la facilité à globaliser. Cela m'indique certains aspects à travailler en classe.

Dictionnaire personnel

Au retour des vacances de Noël, et même avant, les enfants sont prêts pour aller plus loin que l'anneau de mots. On remplace ce dernier par un dictionnaire personnel. Je donne aux enfants un petit cahier dont les pages sont classées dans l'ordre alphabétique. Je leur demande de trouver deux mots, pendant les tâches du matin, et de les écrire sur la bonne page. Par exemple, «maman» ira à la page du M et «fille», à la page du F. Chaque jour, ils ajoutent deux mots, dont je vérifie l'orthographe et la calligraphie. Ce dictionnaire deviendra un outil de référence en écriture, ainsi qu'une lecture sporadique. Je donne aussi aux enfants deux petits papiers autocollants pour identifier les pages à me montrer, afin qu'ils les retrouvent rapidement. Après un certain temps, tout devient plus facile. Cette année, je ne fais le dictionnaire qu'une fois par semaine, afin d'accorder plus de temps à l'étude des mots (voir le chapitre portant sur l'écriture).

Sondage matinal

Tous les matins, les enfants répondent à un sondage, dont un membre de l'équipe de nuit est le responsable. Au début, je lis le sondage à quelques reprises pour le responsable, qui suit avec son doigt ; puis, il se rend à l'endroit où se fait le sondage. Le responsable lit la question aux enfants, qui répondent en faisant glisser un cube Unifix correspondant à la couleur de leur réponse le long d'un petit tube de métal. Le résultat est un beau graphique en trois dimensions facile à transporter pour partager les résultats avec les autres.

Le responsable comptabilise ces résultats pour en faire part aux autres au début de la période de mathématiques. Nous en profiterons pour compter en groupe, vérifier son calcul, compter par groupes de deux, de cinq et de dix. Je procède par étapes, exigeant plus à mesure que l'année avance. Par exemple, les sondages présenteront trois choix plutôt que deux.

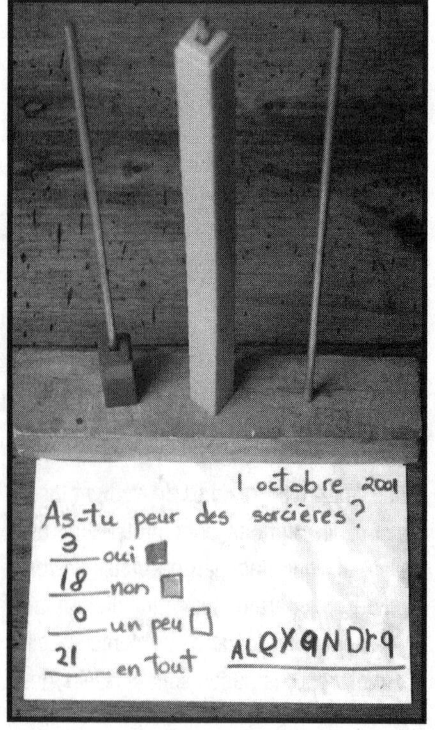

1 octobre 2001
As-tu peur des sorcières?
3 oui
18 non
0 un peu
21 en tout
ALEXANDRA

9 septembre 2001

Aimes-tu mieux les biscuits au chocolat ou la tarte aux pommes ?

__________ aiment mieux les biscuits au chocolat.

__________ aiment mieux la tarte aux pommes.

__________ en tout.

Compté par ____________________

5 janvier 2001

Aimes-tu mieux lancer des balles de neige, glisser ou skier ?

__________ aiment mieux lancer des balles de neige.

__________ aiment mieux glisser.

__________ aiment mieux skier.

__________ en tout.

Compté par ____________________

Question de la semaine

Sous la responsabilité de l'équipe de sciences, les enfants répondent à une question ou à une estimation par semaine.

Un enfant doit lire la question et aider les autres à la lire. Ensuite, les enfants écrivent la réponse et la mettent à l'endroit approprié. À la fin de la semaine, nous répondons à la question ensemble, l'explorons, et je félicite ceux qui ont tenté d'y répondre. Je pose surtout des questions de sciences, de géographie ou d'histoire, parfois relatives à un livre lu, à un intérêt particulier ou à la découverte d'un enfant.

Mot du matin

Pendant qu'ils rangent leur sac le matin et effectuent les tâches diverses, les enfants doivent tenter de lire seuls un mot au tableau et me le chuchoter à l'oreille. Je leur dis si ce mot est bien lu, les renvoie au tableau ou leur fournis un indice. Les enfants qui réussissent l'inscrivent sur un compteur journalier. Je travaille ensuite ce mot avec tout le groupe plus tard dans la journée. On le décortique, on forme de nouveaux mots, on découpe en syllabes.

Le mot est choisi en fonction de la vie de classe, d'un problème ou d'une de mes préoccupations.

Horaires suggérés

- Tâches du matin
- Lecture partagée du message
- Alterner lecture partagée et écriture interactive
- Lecture du sac, lecture guidée, rencontres
- Mathématiques
- Dîner
- Éducation physique, sciences ou projets
- Écriture

- Tâches du matin
- Lecture du message écrit par le chef, démonstration de corrections
- Alterner lecture partagée et écriture interactive
- Lecture du sac, lecture guidée, rencontres
- Écriture
- Dîner
- Éducation physique, sciences ou projets
- Mathématiques

Le décor est placé, ma classe est prête, vous avez été témoins de la première journée, vous connaissez quelques-unes de mes convictions. Je vous invite maintenant, en toute humilité, à observer ma façon de faire.

Lectures suggérées

(voir la bibliographie pour les références complètes)

Life in a Crowded Place : Making a Learning Community
de Ralph Peterson
Un si beau livre à lire, qui fait tant de bien. L'importance d'*être* dans une classe.

Classrooms that Work : They Can All Read and Write
de Patricia Cunningham et Richard Allington
Petite mine d'or d'activités intelligentes à propos des lettres et des sons.

Thinking and Learning Together
de Bobbie Fisher
... And With a Light Touch : Learning About Reading, Writing, and Teaching with First Graders
de Carol Avery
Deux maîtres enseignantes de première année livrent leur riche expérience.

The Book of Learning and Forgetting
de Frank Smith
Par cette réflexion importante, l'auteur confronte les visions moderne et classique de la mémoire. Un livre dérangeant, mais essentiel.

Antoine

Les trois Barbich

2

Quand je m'étais évanoui dans la crypte, le vampire avait gravé son nom sur mon bras avec les plumes qui lui servaient de dents. Draculivre... Désormais, je lui appartenais. J'étais devenu un buveur d'encre. Alors pour la première fois de ma vie, je me suis réjoui d'avoir un papa libraire.

Éric Sanvoisin
Le buveur d'encre

Et si, au lieu d'exiger la lecture le professeur décidait soudain de partager son propre bonheur de lire ?

Daniel Pennac
Comme un roman

La lecture

Lire à haute voix

La meilleure façon de partager le bonheur de lire est de faire la lecture aux élèves. Non pas comme récompense à la fin de la semaine, mais bien comme rituel régulier de la classe. Cela exige que nous, enseignants de la lecture, soyons des lecteurs qui éprouvent du bonheur à lire.

Un rituel crée des attentes et donne de l'importance à l'acte. Avant de dormir, le rituel bain-lecture-dodo aide l'enfant à se calmer, à se préparer à ce qui viendra et à laisser derrière lui la journée. Ce rituel quotidien (le mien dure environ 20 minutes par jour) apporte à l'enfant un élément de sécurité dans sa vie familiale.

Lire aux élèves comporte un rituel comme toute la vie en classe. En lisant, nous partageons le bonheur de lire, les bons auteurs, les bons textes, les belles phrases. En lisant aux élèves, nous créons une communauté culturelle qui aime les mêmes textes, qui en discute, qui y puise et qui s'en nourrit.

Ces lectures, naturellement, varient d'une classe à l'autre, d'un enseignant à l'autre. L'un préfère Dahl et Rowling, l'autre Lenain et Ross, un autre Jolin et Innocenti. L'un préfère les livres tendres, l'autre l'histoire, un troisième l'humour. Tant mieux pour les élèves : que peut-on leur souhaiter de mieux que de connaître, par la voix de mordus, des textes variés, des auteurs contemporains, des classiques ou des genres différents ?

C'est simple et efficace. Je ne connais aucun enseignant qui ait commencé à lire et qui ait cessé de le faire. Il faut voir les élèves devenir exigeants, nous rappelant que le rituel doit se produire. Mes élèves empruntent les livres lus, relisent les sélections et s'aventurent dans des lectures inédites. «Encore, encore», disent-ils. Les élèves reconnaissent notre compétence et font confiance à nos choix ; cela nous permet d'explorer d'autres livres et de pousser l'audace de nos lecteurs.

Il existe trois sortes de livres : ceux que nous aimons, ceux que les élèves et nous aimons, et ceux que les élèves aiment. Nous devons parfois être le pont qui relie deux rives. Mes élèves ont besoin que je leur ouvre de nouveaux horizons, que je leur fasse connaître de nouveaux endroits, que je les aide à explorer ces livres inconnus et non publicisés. Lire à haute voix est un des piliers de ce pont. Soyons solides, soyons forts, soyons invitants.

Si un enfant se fait lire des histoires très tôt dans sa vie, la lecture devient vite indispensable. Si un enfant arrive à l'école sans ce goût pour la lecture, il faudra bien le lui inculquer. Lire à haute voix nourrit tous les lecteurs, quels que soient leur niveau et leurs antécédents.

Notion simple et complexe à la fois de savoir choisir les livres, de les connaître, de savoir pourquoi on les lit, de les lire de façon vivante, de choisir les textes en fonction du groupe et d'intégrer parfois ces lectures dans un champ d'exploration plus vaste. Seuls ceux qui aiment lire s'en tirent bien. Ici, il n'y a pas de place à l'improvisation ou à une lecture machinale et indifférente. Je ne pourrais imposer la lecture à haute voix à une enseignante, ni l'imposer dans le programme : la lecture est une décision professionnelle, faite par un lecteur assidu (voir l'annexe D-1 pour des suggestions de livres). La prescrire lui enlève ses qualités de partage et d'amour de la langue.

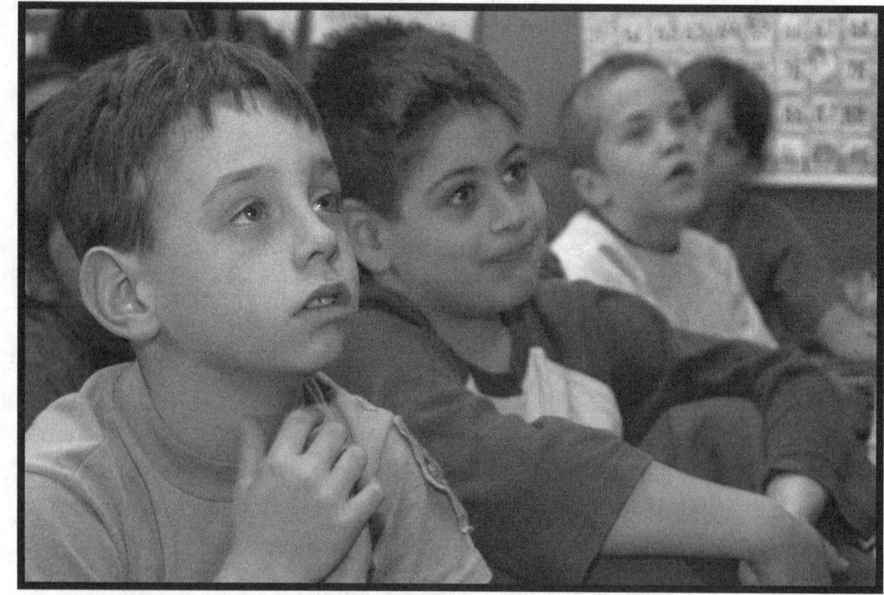

J'écoutais dernièrement la lecture du quatrième *Harry Potter,* en anglais. Jim Dale, comédien, lisait avec brio. Une vraie leçon de lecture à haute voix. Je me disais, dans la voiture, qu'aucun élève ne résisterait à cette lecture. Du grand art. Je me suis promis que moi aussi, je tenterais d'offrir une lecture aussi vraie et aussi intéressante. Quand je lirai, je serai captivant !

Il est normal que les élèves interrompent et posent des questions. Certains se questionnent sur des mots, d'autres sur des dénouements, quelques-uns veulent réagir. Si je veux que mes lecteurs, une fois grands, puissent discuter de livres, je dois le leur permettre ici. Sans cacophonie, avec discipline, oui, mais toujours dans le but de discuter. Comment un élève de 6e année pourra-t-il le faire s'il n'en a jamais eu la chance avant ? À ma façon, je les prépare à une discussion plus mature, sans les infantiliser. Ils discutent à leur niveau, que j'essaie d'élever par mes interventions et mes questions. Les discussions les préparent aussi pour le journal de lecture et les cercles littéraires de leur future vie scolaire :

> « Certes, la voix du professeur a aidé à cette réconciliation : en nous épargnant l'effort du décryptage, en dessinant clairement les situations, en plantant les décors, en incarnant les personnages, en soulignant les thèmes, en accentuant les nuances, en faisant, le plus nettement possible son travail de révélateur photographique. » (Pennac, page 119)

Je demande aussi aux parents de discuter des lectures avec leurs enfants. Pour être certain qu'ils le font, j'institue ce rituel à l'aide d'un cahier fabriqué chaque année. C'est un devoir ! Ils doivent lire à leur enfant tous les soirs et discuter à la fin de la semaine du meilleur livre. Et dans la plupart des cas, ça fonctionne. Je dois naturellement rappeler à l'ordre certains parents, leur téléphoner, leur demander ce qui se passe. Des parents ont besoin d'aide, pour d'autres, peine perdue. Mais cela m'éclaire sur la famille et sur ce dont cet enfant aura besoin (voir les annexes B-1 et B-2 pour des exemples de feuilles destinées à la lecture à la maison). Et vous savez quoi ? Certains parents découvrent, avec leur enfant, le bonheur de lire, et d'autres, la grande variété de la littérature jeunesse.

Des livres

Alimenter une classe de vingt-cinq élèves demande beaucoup de livres. Il en faut. Énormément.

C'est un combat journalier.

Contrairement à d'autres priorités dans nos écoles (les ordinateurs, par exemple), les fonds tardent à venir. Des manuels, on en aura. Des ordinateurs pleuvront... mais les livres se feront rares. Qui blâmer ? Moi, pour commencer. Moi qui ai demandé des manuels au lieu de livres. Moi qui ai nommé les manuels « livres de base » et qui ai relégué les livres à la « lecture secondaire ». Moi qui ne lisais pas de littérature jeunesse, mais qui connaissais mon manuel dans ses moindres détails. Moi qui me suis laissé dire comment enseigner par un texte de manuel. Moi qui ai cru que mes élèves avaient tous les mêmes goûts. Moi qui avait cessé de lire des livres didactiques.

Je me blâmerai donc avant de blâmer qui que ce soit.

Il faut ensuite commencer un combat littéraire ! Exiger des livres, quémander des budgets, s'abonner à la bibliothèque municipale, courir les soldes, détourner des budgets ; bref, démontrer notre intérêt et rendre aux livres la place qui leur revient.

Que les éditeurs scolaires publient des essais et des réflexions d'enseignants. Que les éditeurs publient de la littérature à meilleur prix. Et que nous, les enseignants, achetions et exigions de bons livres. Pas cette fausse littérature présentée dans les manuels, que jamais on ne lira seul, à moins d'y être contraint. Et avec le recul, je sais que l'on se lassera des manuels à la mode, que ceux-ci vieilliront, et que l'on en exigera de nouveaux. Que de gaspillage. Les bons livres, comme les bons vins, vieillissent bien.

On me dira que les manuels sont là pour faciliter ma tâche. Mais qui prétend qu'il est facile d'enseigner ? On veut faciliter mon travail auprès des enfants ? Qu'on

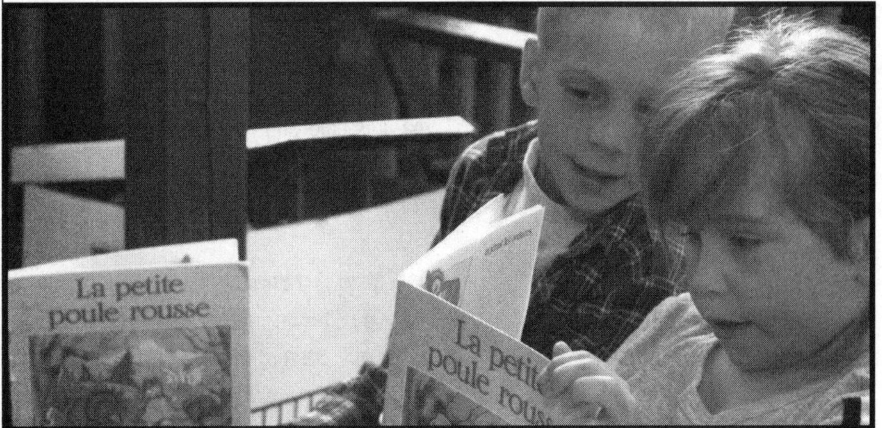

me donne moins d'élèves, plus d'espace, autant d'argent pour les livres que pour les ordinateurs, moins d'interventions bureaucratiques, mais qu'on ne me dise pas que ce sera facile. Enseigner à lire et à écrire n'est pas l'affaire de toutes et tous.

Je lis toujours *L'œil du loup* et depuis 20 ans, je chéris la lecture d'*Au revoir, Blaireau*. J'éprouve toujours le même plaisir à voir des élèves découvrir les livres de *Moka,* et mes petits rigoler devant *Sara va à l'école* et *Les nuits de Rose*. Les adultes à qui je lis *L'amour hérisson* sont toujours attendris, et *De la petite taupe qui voulait savoir qui lui avait fait sur la tête* est un succès année après année. Et je sais que *Non, David* sera une lecture hilarante pour bien des années encore.

Je n'aurai jamais tous les livres que je voudrais. J'achète, j'emprunte, je mendie, je publie les textes de mes élèves, je regarde les vieux livres, je sollicite ceux qui ne sont plus lus à la maison, je cherche des commanditaires.

Mon choix est fait : je veux des livres !

Tableau 2.1

Les manuels de lecture

Faites ceci, enseignants, faites cela, élèves. Toutes les classes font la même chose en même temps et tout ira bien.

- Enlèvent le choix.
- Obligent des niveaux de lecture.
- Offrent peu de suggestions de lecture.
- Laissent peu de place à la discussion.
- Éclipsent les livres.
- N'offrent pas de textes esthétiques.
- Ne posent souvent que des questions d'information.
- N'informent pas sur les auteurs, les collections.
- Ne rendent pas les élèves assoiffés de lecture.

Que faire avec les livres ?

Attablés entre amis un soir d'automne, autour d'une bonne bouteille de vin, nous nous sommes mis à parler de livres. Je me suis calé dans mon siège, je me suis rappelé une métaphore de Nancy Atwell, et j'ai écouté les conversations animées.

Ces gens-là parlaient de leurs lectures. Pas de façon détachée. Avec des voix qui savent, qui s'excitent, qui s'enflamment. Ils discutaient de leurs lectures, s'obstinaient à propos d'interprétations et justifiaient leurs dires par des extraits, citaient des passages. On sentait la connaissance de certains auteurs et on percevait la soif de lire. Tout le monde s'est échangé des titres, que l'on notait sur des serviettes de papier. Une rencontre extraordinaire.

Mes élèves ont le droit d'avoir un enseignant lecteur, qui connaît les livres, les auteurs et les processus impliqués dans l'acte de lire. Un programme n'enseigne pas aux élèves. Ce sont les enseignants qui rendent les enfants lecteurs.

Le souper d'automne m'a convaincu que la lecture est un acte humain et solitaire, qui exige pourtant d'être partagé. Nous devons partager nos lectures avec d'autres. C'est comme ça. Et qu'y a-t-il en grand nombre dans une classe, en exemplaires différents et variés, riches d'expériences diverses ? Des êtres humains avec qui partager.

Pourquoi ma classe ne serait-elle pas à l'image de ces lecteurs qui s'enflamment, discutent et partagent ? Pourquoi une classe dans un lieu de savoir serait-elle différente de ce souper ?

Je veux cette table dans ma classe !

Tableau 2.2

Un vrai lecteur

- Choisit ses lectures.
- Choisit des livres de niveau approprié.
- A des sources de suggestions.
- Discute de ses lectures.
- Prête ses livres.
- S'obstine à propos de certaines interprétations.
- Cite des passages.
- Justifie ce qu'il dit par des extraits.
- Connaît des auteurs, des collections.
- Est parfois insatiable.
- Bouquine.
- A des rituels de lecture.
- Veut que d'autres lisent ses lectures favorites.

Organisons des cercles littéraires, lisons à nos élèves, faisons du théâtre, fondons des clubs, lançons des livres, lisons en groupe, faisons de la lecture guidée, discutons de nos lectures communes, achetons plusieurs exemplaires des bons titres, lisons ensemble le même livre, ayons dans la classe de nombreux titres d'un même auteur, regroupons par thème, étudions des titres qui fascineront notre

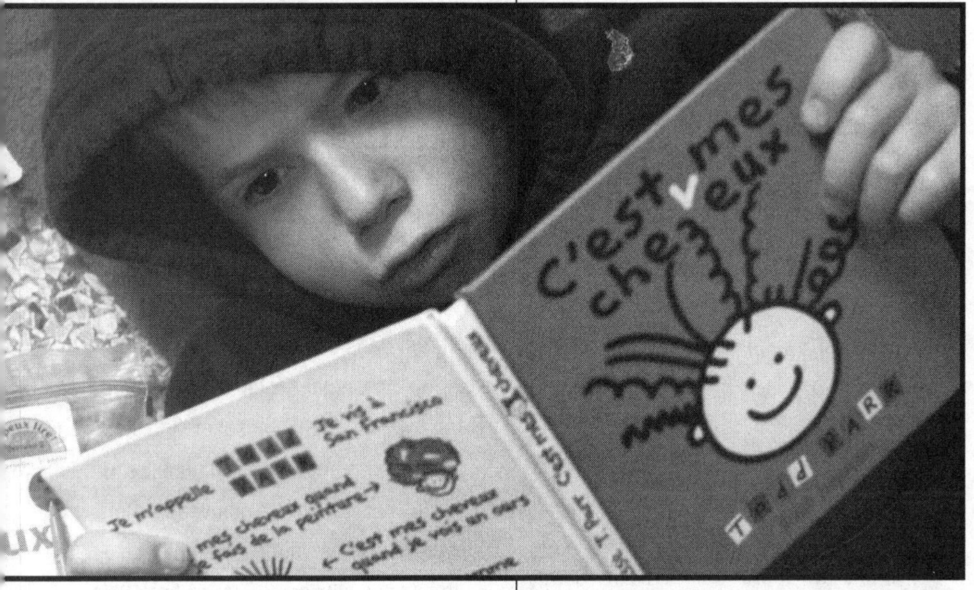

groupe, étudions ensemble le style, le rythme et les mots, parlons de stratégies pour mieux comprendre, établissons une communauté où tous seront acceptés comme lecteurs et où les divergences seront célébrées.

Dans l'apprentissage de la lecture, il est important de faire passer, mine de rien, la responsabilité de l'acte aux enfants. Au début, on assume toute la responsabilité (lecture partagée), on en assume ensuite une partie (lecture guidée), pour finalement laisser la responsabilité aux enfants (lecture indépendante). Malgré cela, nul besoin d'être linéaire. Ces pratiques de lecture doivent cohabiter dès le début de l'apprentissage. Comme les enfants ont besoin de beaucoup d'information sur les lettres, les syllabes et les sons associés, il y aura, au début de l'année, et tout au long de l'année pour certains, des activités sur les lettres. Mais l'information sur les lettres doit circuler continuellement, toute la journée, et être une préoccupation constante. Nous en discuterons en détail dans le chapitre qui traite de l'écriture.

Activités sur les lettres et les sons

Au début de l'année, je demande à chaque enfant d'identifier les lettres de l'alphabet (voir l'annexe B-3). J'y reviens régulièrement pour trois raisons importantes : pour connaître le niveau des connaissances des élèves ; pour évaluer leurs progrès et décider des leçons à préparer; pour m'assurer que mon enseignement porte fruit.

En plus de participer à toutes les activités de lecture, les enfants étudient les lettres lors d'activités planifiées. Les ateliers débutent dès la rentrée pour bien inculquer certaines routines aux enfants. Une fois celles-ci assimilées, je peux réunir les enfants en petits groupes et faire de la lecture guidée ou un autre enseignement que je juge pertinent. Mais pour bien enseigner, j'ai besoin de savoir que les enfants sont bien à leurs tâches, concentrés sur ce qu'ils ont à faire. En plus, vous verrez, dans le chapitre sur l'écriture (alors que se fait le gros du travail de réflexion sur les lettres et les sons), comment les enfants assimilent une foule d'informations sur les lettres et les conventions de la langue.

Voici une liste d'activités à faire individuellement ou en petits groupes.

- **Travail avec les prénoms et les noms de famille**. Un bon départ affectif pour la lecture : afficher les prénoms des élèves en permanence dans la classe, près du lieu de réunion, au dos des photos individuelles prises la première journée de classe ; faire des activités de classement et de reconnaissance.
- **Reproduction de mots par frottis.**
- **Reproduction de mots dans du sable et du sel.**
- **Reproduction de mots avec des lettres** magnétiques, de plastique, de bois, etc.
- **Lecture de mots sur les murs**. Fournir ici un pointeur pour lire : cela augmente le plaisir.
- **Écriture à l'aide de vieilles machines à écrire.**
- **Fabrication et lecture de petits livres** sur le prénom de chaque enfant.
- **Lecture d'abécédaires.**

Les activités suivantes se font avec tout le groupe ou en petits groupes.

- **Fabriquer des mots.**

Matériel requis : lettres sur carton pour chaque enfant ou équipe de deux, contenants pour mettre les lettres (comme au scrabble), lettres assez grandes pour être visibles par toute la classe et insérées dans un tableau à pochettes, carton pour écrire les mots trouvés.

Je choisis un mot que je garde secret, par exemple maison. Je donne à chaque enfant les lettres M-S-N-A-I-O. Je dirige ensuite les enfants dans la découverte de mots :
Prenez deux lettres et faites **on**.
Ajoutez une lettre pour faire **mon**. *Comme quand on dit «mon ballon». Lisons ensemble :* **mon**.
Changez seulement une lettre et faites **son**. *C'est le ballon de Marc, c'est* **son** *ballon.*
Inversez le mot et vous aurez **nos**. *Ce sont* **nos** *ballons dans la cour.*
Trouvez maintenant deux lettres qui font **sa**. *C'est* **sa** *mère qui arrive. Lisons ensemble :* **sa**.
Changez seulement une lettre et faites **ma**. *C'est* **ma** *mère.*
On va maintenant faire un mot plus grand, avec quatre lettres. Nous allons écrire **main**. *Ma* **main** *est grande. Lisons ensemble :* **main**.

Après chaque recherche, j'invite un enfant à placer les lettres devant tout le monde. On affiche aussi le mot trouvé sur le tableau à pochettes.

On change seulement une lettre et on fabrique **sain**. *Il faut bien manger, il faut manger des aliments* **sains**. *Qui a réussi à trouver ? Fabriquons maintenant un mot compliqué de quatre lettres que l'on utilise souvent. Il ressemble à* **main**. *La dernière lettre est différente et on ne l'entend pas. Quelle est cette lettre ? On écrit* **mais**. *Je voulais une pomme,* **mais** *il n'y en avait pas. Quelqu'un a-t-il deviné le mot mystère ? Si aucun enfant ne trouve, on peut donner des indices. Par exemple, ici, on pourrait dire : c'est un mot qui rime avec* **mon**, *on voit* **mais** *au début, tu demeures dans une…*

On aide ensuite les enfants à classer tous ces mots. Dans ce cas-ci, on pourrait proposer un classement selon les finales des mots : a, i, on, ain, ais ou selon l'initiale s, m, n. Je leur rappelle que connaître un mot nous aide à lire de nouveaux mots. Nous relisons les mots ensemble et en ajoutons deux nouveaux : *bon* et *bain*. Si je sais lire *mon*, je peux lire *bon*.

Tous ces mots restent affichés quelque temps et peuvent être lus durant l'activité de lecture de mots sur les murs. Naturellement, ce qu'il faut travailler dépend du moment de l'année, du groupe et de ce qui a déjà été vu.

- **Mot du matin.** Voir la page 15.

- **Lire de grands mots.**

Il est important de montrer aux enfants comment on s'y prend pour lire certains mots. Par exemple, le mot récréation. Je souligne **tion**.

Nous avons souvent vu cette syllabe dans la classe. Par exemple éducation, collation. J'écris «récréation» et «collation», et je souligne **tion**.

Écoutez pendant que je prononce ces deux mots, regardez bien comment je prononce cette syllabe. Je souligne **ré**.

Et on continue de cette façon. Il faut répéter l'exercice afin de démystifier les grands mots et de montrer comment on s'y prend. On peut comparer des mots, énumérer des syllabes, expliquer le sens des suffixes et des préfixes, trouver de petits mots dans les grands.

- **Taper dans les mains en scandant les syllabes des mots.**
- **Réciter des poèmes ou des comptines**.
- **Étudier et énumérer certains préfixes et suffixes.**
- **Effectuer des jeux de mots** divers : pendu, mémoire, mots cachés fabriqués avec les mots étudiés en classe.
- **Compléter la liste des mots étudiés**, au fur et à mesure que les enfants trouvent d'autres mots.

Ces activités sont là pour enrichir les connaissances des enfants. Un conférencier dont j'ai oublié le nom a dit que les enfants arrivent à l'école avec deux grandes forces : ils parlent et bougent beaucoup. Au lieu de juguler cette énergie, on devrait la canaliser. Les activités proposées permettent aux enfants de bouger plutôt que de rester assis et de ne faire que des exercices écrits. L'important est d'offrir ces activités et de les intégrer aux autres activités de la vie de classe.

Lecture partagée

La lecture partagée est assez simple : je lis avec les élèves un texte que tous peuvent voir. Au début, j'en fais la lecture, puis je laisse de plus en plus de place aux enfants. Comme nous lisons en groupe, les enfants peuvent lire des textes plus difficiles que s'ils lisaient seuls. Naturellement, en lisant le texte, j'aborde des stratégies de lecture importantes (voir le tableau 2.3). Que puis-je lire et relire avec eux ?

- Grands livres.
- Messages reçus sur du papier conférence.
- Textes d'écriture interactive (voir le chapitre 3 sur l'écriture) : lettres, contes, étiquettes, collectifs.
- Grands livres de classe.
- Étiquettes de la classe.
- Textes dans des tableaux à pochettes.

Comme les textes seront relus plusieurs fois, je les choisis soigneusement. Pour les grands livres, par exemple, je choisis des textes bien illustrés avec des éléments ou une structure prévisibles, puisqu'ils seront lus par tous. Je veux aussi un livre que les enfants aiment et qu'ils auront envie de relire. Finalement, les caractères doivent être assez gros pour être vus par tous les élèves.

Tableau 2.3

Stratégies à démontrer durant la lecture partagée et à enseigner durant la lecture guidée

Pour la compréhension

- Réfléchir à ce que l'on vient de lire.
- Faire une carte sémantique.
- Faire une carte du caractère d'un personnage.
- Utiliser l'écriture pour approfondir un texte.

Pour mieux lire un mot inconnu

- S'attarder aux premières lettres pour trouver un mot.
- Utiliser les illustrations.
- Regarder tout le mot.
- Rechercher une séquence connue.
- Sauter le mot et y revenir.
- Combiner les indices sémantiques, syntaxiques et grapho-phonétiques.
- S'écouter, croiser les indices, se corriger.
- Lire la première syllabe et recommencer la phrase.
- Lire la fin du mot et recommencer la phrase.
- Rechercher une fin de mot ou une syllabe étudiée en classe.
- Trouver un petit mot dans le mot.

Connaissances de la langue

- La lecture de gauche à droite ; la relation entre les lettres et le son ; les mots sont formés de lettres ; la grammaire ; les conventions de l'écrit.

Je ne cherche pas à isoler des enfants ou à enseigner à un élève en particulier : il y aura d'autres occasions. Je cherche ici à donner des stratégies utiles à la majorité des élèves, qu'ils tenteront d'utiliser lorsqu'ils liront seuls.

Le rituel du message du matin est un exemple de lecture partagée. Chaque matin, toute l'année, mes élèves doivent lire un message (celui-ci se transforme vers janvier, voir le chapitre traitant de l'écriture). Au début, ce message contient des éléments prévisibles (date, salutations, fin) mais, au fur et à mesure que les enfants prennent de l'assurance, ces éléments disparaissent. Par exemple, le message initial commençait par *Bonjour.* Je garderai ce mot quelques jours. J'écrirai ensuite *Allô* ou *Salut.* Quand les enfants liront *Bonjour*, j'attirerai leur attention sur le fait que ce mot ne commence pas par «b», donc que ce ne peut être *Bonjour.* Nous regarderons ensemble la première lettre, je leur demanderai de réfléchir à un synonyme de *bonjour* qui commence par «a». J'agirai de même avec le mot *bisou* de la fin du message. Il deviendra *bise* ou *bec,* et il y aura aussi des marques de pluriel (j'attire ainsi l'attention sur la finale des mots puisque ces trois mots commencent de façon identique).

Le rituel de cette lecture, ainsi que le caractère prévisible du contenu en font une lecture de groupe parfaite.

Lecture guidée et analyse de méprises en route

Sammy aime les livres légers, Nicolas, les livres d'information. Léa aime les livres poétiques, Valérie lira tout ce que j'aime. Benjamin dévore les contes insolites et Charles a besoin de mon aide pour s'épanouir. Stéphanie commence enfin à lire, tandis que Josiane dévore déjà seule de petits romans. Simon se sert trop des illustrations pour lire et ne regarde pas assez les lettres. Jasmin, lui, se concentre trop sur les lettres au point d'occulter le sens de ce qu'il lit.

Chaque élève a son histoire, chaque élève a ses goûts, chaque élève a besoin de mon aide de façon différente, chaque élève apporte sa particularité à notre petite communauté. Je m'impose de connaître mes élèves, de savoir ce qu'ils lisent, comment ils lisent et s'ils comprennent, et je planifie mes interventions en conséquence.

Trop longtemps, j'ai été comme un prof de tennis qui dit, à la fin d'une leçon, que la balle est allée trop souvent à l'extérieur, mais qui n'offre aucune aide ni suggestion. Ah, Jacques a de la difficulté à comprendre, Josiane lit avec difficulté, mais parler de leurs problèmes aurait été impossible puisque je ne les écoutais pas lire ou ne faisais que des observations après la lecture. Un bon prof de tennis intervient **pendant** la leçon et observe son élève au jeu. Il ne se gêne pas pour arrêter la partie afin d'enseigner et de faire pratiquer ce qu'il juge nécessaire. C'est ce que je veux pour la lecture : du temps pour pratiquer, des observations et de l'enseignement durant la lecture, et des lectures de niveau approprié.

Analyse de méprises en route

L'écoute active d'un enfant qui lit nous apprend les stratégies qu'il utilise, surutilise ou n'utilise pas, et nous montre ses progrès. L'analyse de méprises formelle prend du temps et de la préparation. Il faut avoir deux exemplaires du texte, enregistrer l'enfant pour ne pas l'interrompre, et écouter ensuite l'enregistrement pour relever et noter les méprises de lecture. Je ne dis pas que cela n'en vaut pas la peine. Il est possible, voire essentiel de le faire pour quelques enfants, mais c'est impossible de le faire régulièrement pour toute la classe.

Nous devons à la chercheuse australienne Marie Clay d'avoir perfectionné un système d'analyse de méprises qui est non seulement informatif, mais facile à réaliser en classe. Une analyse de méprises en route ! On peut la réaliser n'importe où, n'importe quand, avec n'importe quel texte. Cette analyse demande de la pratique au début, mais l'effort est rapidement récompensé. Grâce à ces analyses répétées, je peux savoir quelles stratégies enseigner à un élève particulier et vérifier si mon enseignement porte fruit. Je serai aussi en mesure d'informer les parents du progrès de leur enfant et de ce à quoi nous devons être attentifs.

Et surtout, il ne faut jamais oublier que ce n'est pas l'erreur seule qui est importante, mais la structure des erreurs qui se dégage de notre analyse.

Le procédé est simple. Quand un enfant nous lit un texte, nous notons sur une feuille ce qu'il lit. Voici comment :

Mot bien lu	√
Mot sauté	—
Mot remplacé	mot / **mot**
Répétition	√R
Autocorrection	erreur |C / **mot**
Tentative	ten-ta-tentative / **mot**
Mot corrigé lors d'une répétition	erreur RC / **mot** ; C erreur R / **mot**
Mot ajouté	ajouté / **mot**
Demande d'aide	–A / **mot**
Aide de l'enseignant	–P / **mot**

Les mots en gras sont ceux ajoutés après la lecture de l'enfant.

Que recherchons-nous comme comportement ? Nous recherchons un lecteur qui s'écoute lire, qui reconnaît ses erreurs : quand le sens est brisé, quand la syntaxe est fautive, quand ce qu'il voit ne correspond pas à ce qu'il vient de lire. Quand les enfants prendront de la maturité comme lecteurs, nous aborderons des stratégies de compréhension. Nous y reviendrons.

L'efficacité vient avec la pratique. Pour vous aider, voici des extraits de *Madame B à l'école*, des lectures probables d'un enfant et la façon de noter sa lecture.

Mot lu correctement

Chaque mot bien lu est représenté par un √.

TEXTE

Quand Fripon bondit de
cahier en cahier, les
élèves sont fous de joie.
Seule Madame B a le
droit de le rattraper.

ÉLÈVE

Quand Fripon bondit de
cahier en cahier, les
élèves sont fous de joie.
Seule Madame B a le
droit de le rattraper.

NOTATION

√ √ √ √
√ √ √ √
√ √ √ √ √
√ √ √ √ √
√ √ √ √

Il y a un crochet pour chaque mot ; les crochets sont placés exactement comme les mots du texte. Cela permet de retourner au texte et de relire exactement comme l'enfant.

Mot remplacé

Il ne faut inscrire que le mot lu par l'enfant, et plus tard inscrire le mot exact du texte en-dessous.

TEXTE

Quand Fripon bondit de
cahier en cahier, les
élèves sont fous de joie.
Seule Madame B a le
droit de le rattraper.

ÉLÈVE

Quand Fripon bondit de
table en table, les
élèves sont fous de joie.
Seule Madame B a le
droit de le prendre.

NOTATION

√ √ √ √
table / **cahier** √ table / **cahier** √
√ √ √ √ √
√ √ √ √ √
√ √ √ prendre / **rattraper**

Mot sauté

Inscrire un tiret (—) et, une fois l'écoute terminée, écrire le mot sauté.

TEXTE

Quand Fripon bondit de
cahier en cahier, les
élèves sont fous de joie.
Seule Madame B a le
droit de le rattraper.

ÉLÈVE

Quand Fripon bondit de
cahier en cahier, les
élèves sont fous de joie.
Madame B a le
droit de le rattraper.

NOTATION

√ √ √ √
√ √ √ √
√ √ √ √ √
Seule √ √ √ √
√ √ √ √

Mot ajouté

Noter le mot et, une fois la lecture terminée, mettre un tiret (—) sous le mot.

TEXTE

Quand Fripon bondit de
cahier en cahier, les
élèves sont fous de joie.
Seule Madame B a le
droit de le rattraper.

ÉLÈVE

Quand Fripon bondit de
cahier en cahier, tous les
élèves sont fous de joie.
Seule Madame B a le
droit de le rattraper.

NOTATION

√ √ √ √
√ √ √ tous √
√ √ √ √ √
√ √ √ √ √
√ √ √ √

Autocorrection

Ce comportement est extrêmement important, car il démontre le croisement des indices utilisés en lecture. Autrement dit, si un enfant prédit un mot par le sens, mais qu'il se corrige ensuite lorsque le mot ne correspond pas à celui qu'il avait anticipé, on dit qu'il a croisé les indices sémantiques avec les indices visuels.

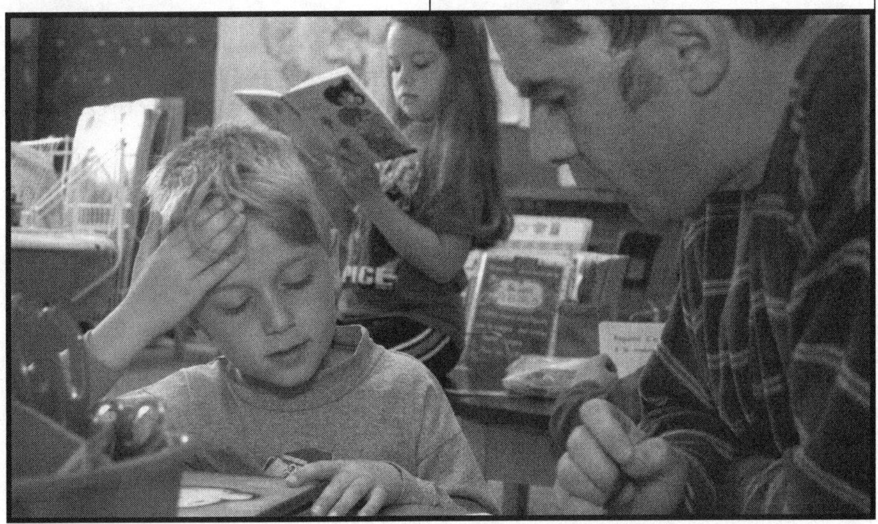

L'analyse des autocorrections permet aussi de voir si l'enfant n'utilise qu'un seul indice.

TEXTE

Quand Fripon bondit de
cahier en cahier, les
élèves sont fous de joie.
Seule Madame B a le
droit de le rattraper.

ÉLÈVE

Quand Fripon bondit de
table en table, de cahier en cahier, les
élèves sont fous de joie.
Seule Madame B a le
droit de le rattraper.

NOTATION

√ √ √ √
table/**cahier** √ table/**cahier** RC^2 √
√ √ √ √ √
√ √ √ √ √
√ √ √ √

Il faut aussi noter que, même si l'autocorrection est désirable, certains enfants en abusent et corrigent des erreurs insignifiantes, ralentissant et alourdissant leur lecture. Il faut corriger le recours excessif à l'autocorrection.

Répétition

Il y a plusieurs raisons de répéter un mot : pour valider une lecture, pour ancrer le sens, pour mieux lire ce qui suit, pour apprécier la plume de l'auteur ou pour relire avec plus d'aisance.

TEXTE

Quand Fripon bondit de
cahier en cahier, les
élèves sont fous de joie.
Seule Madame B a le
droit de le rattraper.

ÉLÈVE

Quand Fripon, Fripon bondit de
cahier en cahier, les
élèves sont fous de joie. de joie. fous de joie.
Seule Madame B a le
droit de le rattraper.

NOTATION

√ √R √ √
√ √ √ √
√ √ √ √ √R R
√ √ √ √ √
√ √ √ √

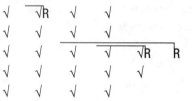

Plusieurs répétitions du même mot sont représentées par un nombre.

Tentative

Il est important de noter les essais de lecture d'un mot, car ils nous informent de ce que l'enfant tente de faire et guident nos interventions.

TEXTE

Quand Fripon bondit de
cahier en cahier, les
élèves sont fous de joie.
Seule Madame B a le
droit de le rattraper.

ÉLÈVE 1

Quand Fripon bondit de
ca-i-ère-cahier en cahier, les
élèves sont fous de joie.
Seule Madame B a le
droit de le rattraper.

NOTATION

√ √ √ √
ca-i-ère/**cahier** √ √ √ √
√ √ √ √ √
√ √ √ √ √
√ √ √ √

ÉLÈVE 2

Quand Fripon bondit de
ca-i-ère en ca-i-ère cahier en cahier, les
élèves sont fous de joie.
Seule Madame B a le
droit de le rattraper.

NOTATION

√ √ √ √
ca-i-ère/**cahier** √ ca-i-ère/**cahier** RC2 √
√ √ √ √ √
√ √ √ √ √
√ √ √ √

Demande d'aide et aide de l'enseignant

Quand nous écoutons une lecture, il faut intervenir le moins possible : nous voulons observer comment l'enfant lit sans aide. Nous intervenons quand le texte est trop difficile ou quand un court passage plus compliqué risque de gâcher toute la lecture. Nos interventions sont de trois types : demander à l'élève de relire, dire le mot à l'élève ou donner un indice (indice guidé par notre compréhension du processus de lecture de cet élève).

TEXTE

Quand Fripon bondit de
cahier en cahier, les
élèves sont fous de joie.
Seule Madame B a le
droit de le rattraper.

ÉLÈVE 1

Quand Fripon bondit de
– (l'enseignant dit de recommencer au début)
cahier en cahier, les
élèves sont fous de joie.
Seule Madame B a le
droit de le rattraper.

NOTATION

√ √ √ √
–P (relire) R √ √ √ √
√ √ √ √ √
√ √ √ √ √
√ √ √ √

ÉLÈVE 2

Quand Fripon bondit de
ca – (enseignant dit que er=é) **cahier en cahier, les**
élèves sont fous de joie.
Seule Madame B a le
droit de le rattraper.

NOTATION

√ √ √ √
caP(er=é)/**cahier** √ √ √ √
√ √ √ √ √
√ √ √ √ √
√ √ √ √

ÉLÈVE 3

Quand Fripon bondit de

Qu'est-ce que c'est ça? (Enseignant : c'est cahier)
cahier en cahier, les

élèves sont fous de joie.

Seule Madame B a le

droit de le rattraper.

NOTATION

√ √ √ √

~~A(cahier)~~ √ √ √ √
cahier

√ √ √ √ √

√ √ √ √ √

√ √ √ √

Comme vous le voyez, ces analyses sont simples : elles éclairent notre enseignement. Évidemment, vous devriez les adapter à vos façons de faire.

Tableau 2.4

Résultats d'analyse

95 % à 100 % de précision	: livres pour la lecture indépendante
92 % à 97 % de précision	: livres pour la lecture guidée
Moins de 92 % de précision	: livre trop difficile pour être lu seul, mais convenant à la lecture partagée ou la lecture à haute voix

Quelles sont les erreurs ? Les substitutions de mots, un mot impossible à lire malgré de nombreux essais, les insertions et les omissions, un mot lu par l'enseignant, toute intervention de l'enseignant concernant un mot.

Ne sont pas des erreurs : les autocorrections, les répétitions, les mots sautés pour y revenir ensuite, les prononciations régionales. Nous calculons la précision de cette façon : 100 % — (nombre d'erreurs divisé par le nombre de mots, multiplié par 100). On obtient en même temps le ratio erreurs/mots. Par exemple, dans un texte de 95 mots, 10 erreurs représentent un taux de précision de 89,5 %. Un texte trop difficile pour être lu seul, mais parfait pour l'instruction. Mais il faut tout de même considérer le type d'erreurs avant de prendre une décision.

100 % — (10/95 X 100) = 100 % —10,5 % = 89,5 %

Pour calculer le taux de correction, on additionne les erreurs et les corrections.

Par exemple, l'enfant a fait dix erreurs et cinq corrections :

10 + 5 = 15

5 corrections pour 15 erreurs au total

1 : 3

Ce calcul nous permet de voir que l'enfant corrige une erreur sur trois, donc que le taux de correction est plutôt faible.

Une fois l'analyse terminée, nous devons examiner celle-ci de près pour décider des stratégies à enseigner et du niveau de difficulté des lectures subséquentes. La section suivante, portant sur la lecture guidée, vous donnera tous les détails, ainsi que des exemples de notations de lecture inscrites à l'horaire.

Une lettre aux parents est une belle occasion de réaliser une analyse plus approfondie. Quelles sont les erreurs ? Les substitutions de mots, un mot impossible à lire malgré de nombreux essais, les insertions et les omissions, un mot lu par l'enseignant, toute intervention de l'enseignant concernant un mot.

La grille permet également de déterminer le pourquoi des corrections. L'enfant s'est-il corrigé à cause des indices visuels, sémantiques ou syntaxiques ? Notre expérience professionnelle nous permettra d'identifier la cause probable des corrections. Nous espérons observer l'utilisation d'une variété d'indices pour la correction, et non pas la dépendance à un seul indice.

À cette analyse, j'ajoute plus tard le rappel de l'histoire qu'a fait l'enfant, ce qui m'éclaire sur sa compréhension. Je ne le fais pas chaque fois que je rencontre un enfant. Après la lecture, je demande à l'enfant de me raconter ce qu'il a lu. Je pose des questions et je lui demande des éclaircissements. Au besoin, je lui demande ce qu'il pense de certains passages, son opinion du livre, si des phrases l'ont frappé, son interprétation du texte. Ce n'est pas le rappel d'une seule histoire qui est important, mais bien ce qui se dégage de plusieurs rappels.

Naturellement, votre jugement professionnel devra aussi être mis à contribution. Certaines erreurs ont moins de poids que d'autres. Si un enfant lit «Pierre demanda» plutôt que «Pierre dit», cette erreur est moins grave que s'il avait lu «Pierre bouge». J'en tiens compte quand je comptabilise les erreurs. D'autres facteurs influencent aussi mes décisions. Par exemple, un enfant peut bien lire un mot, mais ne pas le comprendre, car le vocabulaire ou les concepts exprimés dans le texte sont trop complexes. Même si l'enfant peut lire les mots, le texte est trop compliqué pour lui. N'oublions pas qu'un bon lecteur est efficace, mais pas parfait.

Ces analyses m'aident à prendre des décisions éclairées sur l'enseignement que je dois dispenser à mon groupe et aux individus qui le composent. Je regroupe donc les enfants selon des stratégies précises à enseigner : je ferai de la lecture guidée.

Voici trois exemples d'analyse de méprises approfondie, accompagnés de mes commentaires et de mes calculs.

Camille, fin février 2000

Avec un taux de précision de 87 %, la conclusion est que ce livre est trop difficile pour elle. Observez le nombre d'erreurs. Quand on analyse ses corrections, on conclut qu'elle n'a qu'une stratégie de correction : regarder les sons. Elle « attaque » bien les mots, mais sans réflexion sur le sens ; cette stratégie est insuffisante. J'ai décidé de l'aider à utiliser d'autres stratégies de correction, bien acquises quand on regarde l'évolution au 31 mai 2001.

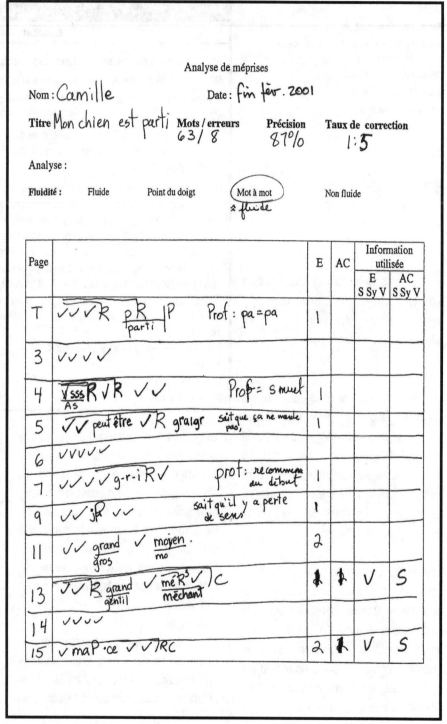

Analyse de méprises

Nom : Camille   Date : fin fév. 2001

Titre Mon chien est parti   Mots / erreurs 63/8   Précision 87%   Taux de correction 1:5

Analyse :

Fluidité : Fluide   Point du doigt   (Mot à mot) ± fluide   Non fluide

Page		E	AC	Information utilisée E S Sy V	Information utilisée AC S Sy V
T	✓✓✓R pR/parti |P Prof : pa=pa	1			
3	✓✓✓✓				
4	✓sss/As R ✓R ✓✓ Prof= s muet	1			
5	✓✓ peut être ✓R graigr sait que ça ne marche pas,	1			
6	✓✓✓✓✓				
7	✓✓✓✓ g-r-i R✓ prof : recommence au début	1			
9	✓✓ jR ✓✓ sait qu'il y a perte de sens	1			
11	✓✓ grand/gros ✓ moyen/mo .	2			
13	✓✓R grand/gentil ✓ méR³✓/méchant |C	1	1	V	S
14	✓✓✓✓				
15	✓ maP·ce ✓ ✓RC	2	1	V	S

Camille, 31 mai 2001

Le taux de précision indique la difficulté que représente ce livre pour elle. J'ai arrêté de prendre des notes après la page 6 car il était évident que ce livre était facile. Camille lisait bien et ne se trompait que très rarement. Il devenait plus important de faire un rappel de l'histoire pour vérifier la compréhension. Ce rappel est noté en bas de la feuille.

Analyse de méprises

Nom : Camille   Date : 31-05-01

Titre Pourquoi...   **Mots / erreurs**   **Précision**   **Taux de correction**

500/

Analyse :

Fluidité : Fluide   Point du doigt   Mot à mot   Non fluide

Page	✓✓✓✓✓✓✓	E	AC	Information utilisée	
				E S Sy V	AC S Sy V
3	✓✓✓✓✓✓✓✓✓✓✓✓ ✓✓✓✓✓✓✓✓✓✓ ✓✓✓				
4	✓✓✓✓ P ✓✓✓✓✓ ma-quifilc ✓✓✓✓✓✓✓✓ échard ✓✓ ✓✓✓✓✓✓✓✓ l'agilas ✓				
5	✓✓✓✓✓✓✓✓ ✓✓✓✓✓✓✓✓✓✓✓ ✓✓✓✓✓✓✓✓✓✓ ✓✓✓✓✓✓ ✓✓✓✓✓✓				
6	✓✓✓✓✓✓✓✓✓✓ ✓✓✓ ✓✓✓✓✓✓✓✓ ✓✓✓✓				
	Renard / Renard a mis la / attrapé des poissons / Ours essaye / Renard l'emmène où pas de poisson / Le lendemain, sa queue reste dans l'eau / l'année de l'ours qui se sauve.				

Ne sait pas Maintenon
fin claire

Stéphanie, 16 février 2001

Un texte beaucoup trop difficile pour elle. Observez mes notes : très peu de corrections de sa part. Il était donc urgent de continuer à lui enseigner les stratégies d'écoute du sens et de correction. Je devais aussi lui choisir des textes appropriés pour lire seule, et bien choisir les textes qui l'obligeraient à mieux superviser le sens dans ses lectures.

Analyse de méprises

Nom : Stéphanie Date : 16-fév-01

Titre Mon chien est parti Mots / erreurs 63/ Précision Taux de correction 1:

Analyse :

Fluidité : Fluide Point du doigt **Mot à mot** (encerclé) Non fluide

Page		E	AC	Information utilisée E S Sy V	Information utilisée AC S Sy V
T	✓ chat ✓ pour / ✓ chié ✓ pour				
3	✓ ✓ ✓ pour / parti				
4	Asse / as ✓ ✓ ✓R chiot / chien				
5	✓ ✓ ✓R passe / pas —				
6	Asse / as ✓ ✓ ✓ chiot ↗				
7	✓ ✓ — pass jar				
9	Ass / As ✓ ✓ chiot 10				
11	✓ ✓ — pass / pas ma —				
12	A-es- ✓ ✓ ✓ chiot				
13	✓ ✓ — passe / pas —				
14	✓ chiot / chien ✓ ✓				
15	✓ ma ✓ ✓ chiot				
16	Que-il / que ✓ jouron				

Doit lire avec le doigt
→ doit travailler l'écoute du sens
capable quand nous sommes sa conscience

Un chien qui elle cherche
Où est mon chiot ?
Elle le trouve, elle demande à tout le monde

Alexie, 30 mai 2001

Une belle lectrice depuis le début des classes, Alexie lisait à des niveaux assez élevés. L'analyse ici confirme ses capacités, sa compréhension, mais une note de ma part en haut indique que je devrai lui faire mieux respecter la ponctuation lorsqu'elle lit à haute voix. Ce petit défaut ne semble pas lui faire perdre le sens de sa lecture, mais on peut prévoir quelques problèmes lorsque la ponctuation influencera subtilement certains passages de textes plus complexes. Alexie est une candidate idéale pour des cartes sémantiques qui lui feront approfondir certains textes.

Analyse de méprises

Nom : Alexie Date : 30 - 05 - 01

Titre Pourquoi les ours… **Mots / erreurs** 500 / 5 **Précision** 99 % **Taux de correction** 1 : 2

Analyse :

Fluidité : (Fluide) Point du doigt Mot à mot Non fluide

ponc. à travailler

Page		E	AC	Information utilisée E S Sy V	Information utilisée AC S Sy V
3	✓✓✓✓✓✓ ✓✓✓✓✓ ✓✓✓✓✓✓✓ quel/cela ✓✓✓ ✓✓✓	1	1	S	✓
4	✓✓✓✓✓✓✓✓✓ ✓✓ ✓✓✓✓✓✓✓✓✓✓ ✓✓✓✓✓✓R✓✓✓✓				
5	✓✓✓✓✓✓✓✓ ✓✓✓✓✓✓✓✓✓R✓ ✓✓✓✓✓✓✓✓✓✓ ✓✓✓✓✓✓✓✓✓✓✓ ✓✓✓✓✓✓				
6	✓✓✓✓✓✓✓R✓✓✓ ✓✓✓ tour/trou ✓✓✓✓✓✓✓ ✓✓✓✓	1	1	V	S
7	✓✓✓R✓ ✓✓✓✓✓✓ quasi/aussi ✓✓✓ ✓✓✓✓✓✓✓ ✓✓✓✓✓✓✓✓ ✓✓✓✓ ✓✓✓✓✓ ✓✓✓✓✓	1		✓	
8	✓✓✓✓✓ ✓✓✓✓✓✓✓✓ ✓✓✓✓✓✓✓ ✓✓✓✓✓✓ ✓✓✓				
9	✓✓✓✓✓✓✓✓ ✓✓✓✓ Pas/Pas ✓✓✓✓✓✓R✓✓✓✓✓ ✓✓✓✓✓✓✓R✓R	1	1	V	Sy

Tableau 2.5

Lecteurs de 2 à 7 ans - Adapté de Taberski (2000) et Fountas et Pinnel (1996)

Lecteur apprenti :

- Comprend que l'imprimé véhicule un message.
- Reconnaît peut-être quelques mots, noms et mots en contexte.
- Utilise surtout les illustrations pour prévoir le sens.
- Va de haut en bas, de gauche à droite et peut s'attarder à des aspects de l'imprimé (lignes, mots et lettres).
- Identifie quelques sons initiaux et terminaux.
- Peut être incité à vérifier la précision et le sens.
- Utilise ses connaissances antérieures et son expérience pour lire de façon sensée.
- Utilise des structures et du langage répétitifs pour lire plus couramment et pour s'aider avec des mots inconnus.
- Commence à faire des liens entre le langage oral et l'imprimé.

Lecteur débutant :

- Reconnaît de nombreux mots usuels et plusieurs mots simples.
- Utilise moins les illustrations et plus l'imprimé.
- Peut lire des mots simples en utilisant le sens, la syntaxe et la grapho-phonétique.
- De plus en plus efficace pour contrôler, s'autocorriger et contre-vérifier.
- Maîtrise de plus en plus des stratégies de lecture.
- Utilise ses connaissances antérieures et son expérience pour lire de façon sensée.
- Peut raconter sa lecture ou dire ce qu'il a appris.

Lecteur en transition :

- Reconnaît un grand nombre de mots, dont plusieurs difficiles.
- Utilise peu les illustrations pour lire.
- Intègre le sens, la syntaxe et la grapho-phonétique de façon régulière.
- Possède de nombreuses stratégies pour reconnaître des mots inconnus.
- Peut généralement lire un texte avec aisance et expression.
- Commence à lire des textes plus longs, plus complexes avec de courts chapitres et des personnages plus intéressants.
- Peut résumer ses lectures.

Lecteur aisé :

- Identifie la plupart des mots automatiquement.
- Contrôle, s'autocorrige et contre-vérifie systématiquement.
- Lit différents genres, ainsi que des textes complexes et longs.
- Interprète les textes en s'appuyant sur ses expériences personnelles et ses lectures antérieures.
- Lit pour de nombreuses raisons.
- Peut réagir au texte en utilisant des exemples de sa vie, ou en établissant des liens avec d'autres livres, ou avec les livres du même auteur.
- Est sensible au style d'un auteur et peut tenter de l'imiter dans ses propres écrits.

Tableau 2.5

Les stratégies

Il serait utopique de croire que l'enseignement de stratégies se traduit par leur mise en pratique immédiate. On enseigne pour que les stratégies soient utilisées, pour qu'une fois en train de lire, confrontés à une difficulté, les enfants tentent ces stratégies. Comme les enfants qui doivent être dans l'eau pour tenter de faire tous les gestes complexes de la natation, avec le temps, la plupart y parviennent. Plus on observe et plus on écoute les enfants lire, plus on remarque la spécificité des stratégies. L'expérience est ici bonne conseillère.

Voici un résumé des stratégies importantes à inculquer.

Stratégies qui aident l'aisance de la lecture :
Il existe un lien entre l'aisance et la compréhension. Les enfants s'appuient sur leur langage oral et leurs connaissances.

Stratégies de correction et de vérification :
Les bons lecteurs sont précis mais non parfaits. Il faut, à leur image, amener les enfants à s'écouter lire, à vérifier et à se corriger quand c'est nécessaire. Il faut les amener à vérifier à l'aide des aspects visuels (grapho-phonétique et illustrations), sémantiques et syntaxiques, et à croiser les différentes informations reçues. Par exemple, un enfant qui détecte une erreur ne devrait pas toujours la corriger de la même façon. On devrait observer une vérification utilisant les trois sources de correction.

Stratégies pour lire de nouveaux mots :
La redondance des informations dans un texte fait en sorte que l'on apprend de nouveaux mots sans consulter un dictionnaire (quand il n'y a pas redondance, on doit recourir au dictionnaire). Il faut regarder les illustrations, comparer des parties du mot à d'autres, décortiquer parfois, faire du lettre à lettre, utiliser les aspects sémantiques et syntaxiques de l'histoire lue, relire jusqu'au mot compliqué et sonoriser la première lettre ou syllabe, sauter par-dessus et y revenir une fois la phrase lue.

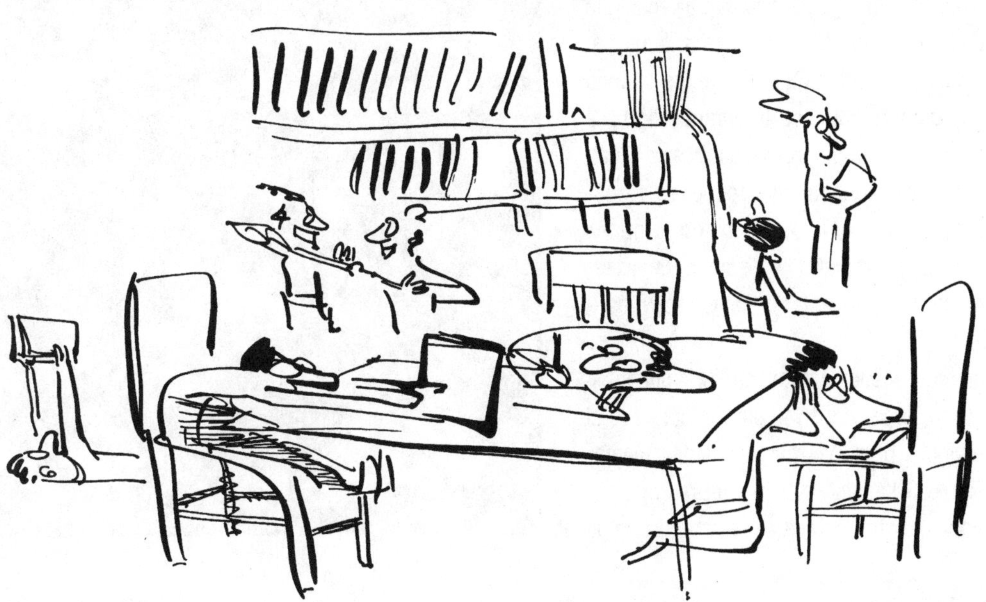

Lecture guidée

Classer les élèves (selon le type de lecteur) aide aussi lors des interventions journalières et de la lecture guidée. Le tableau 2.5 (page 38) décrit quatre types de lecteurs et le comportement de chacun. Cette classification m'aide à mieux observer et à mieux intervenir. Elle me permet aussi d'observer les progrès des enfants et de me rappeler que l'apprentissage est une évolution. Pour en savoir plus long sur ce sujet, consultez la liste de livres suggérés à la fin de ce chapitre.

Quand je connais les forces de mes élèves et que ceux-ci sont autonomes, je peux alors enseigner de façon directe ce que certains ont besoin de savoir[3].

Je forme donc des groupes homogènes et dynamiques de trois à cinq élèves qui travaillent avec moi pendant une vingtaine de minutes. Homogènes parce que j'enseigne des stratégies dont tous ces enfants ont besoin, et dynamiques car je les change au cours de l'année. Un enfant progresse plus vite, trois du groupe ont besoin d'une autre intervention, le groupe se transforme. Les enfants sont en groupes hétérogènes quand ils discutent de livres, quand ils se livrent à certaines activités.

Je regroupe les enfants autour d'une table ou par terre, dans le coin de lecture. J'ai toujours près de moi des outils nécessaires à l'enseignement : lettres magnétiques, petits tableaux pour écrire à la craie ou avec un feutre, cartons pour écrire des mots et plusieurs exemplaires du livre que nous lirons. Je ne veux pas interrompre la leçon pour aller chercher du matériel. Non, je veux qu'une fois installés, le groupe et moi puissions travailler sans interruption.

La leçon sera prévisible, les enfants savent assez tôt dans l'année à quoi s'attendre. Je les informe de ce que nous allons apprendre, leur explique pourquoi il est utile de le faire et quand le faire. Nous pratiquerons ensuite cette stratégie. Je ne lirai pas tout le livre avec eux : ils devront le lire seul. Si je le lis avec eux, je ne saurai jamais ce qu'ils peuvent faire sans aide. Je choisis un livre pas trop facile : s'ils ne sont pas confrontés à quelques difficultés, les enfants n'utiliseront pas la stratégie que je leur enseigne. Je ne choisis pas non plus un livre trop difficile, car même le lecteur adulte décroche et ne fait que du décodage si le texte est incompréhensible. Pour une discussion sur les niveaux de lecture, voir la section suivante sur les sacs de lecture.

Voici deux exemples de lecture guidée avec des livres de la série Premiers mots, publiés chez Scholastic.

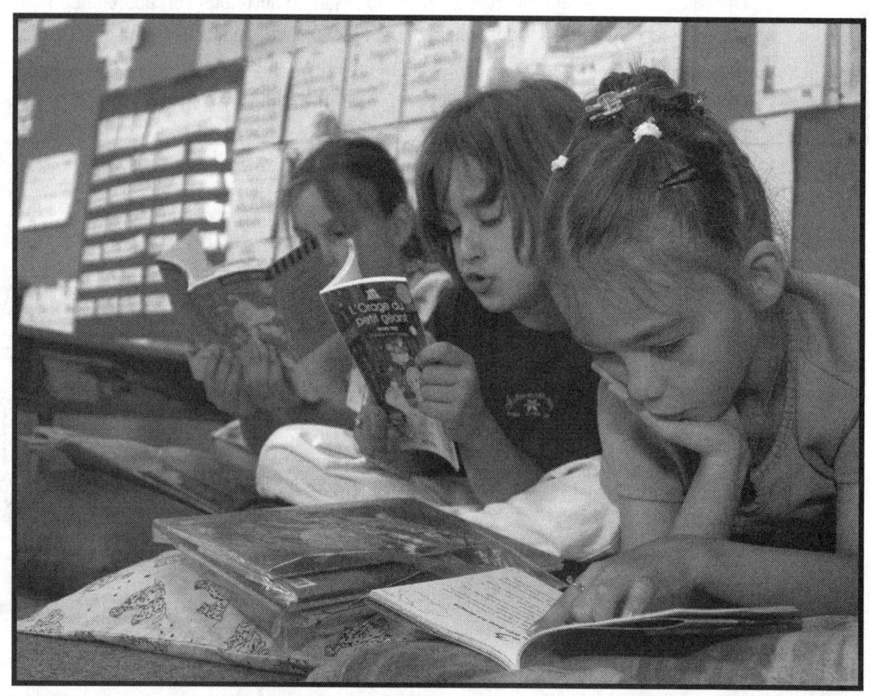

[3] Certains espèrent que les élèves apprendront seuls, pour autant qu'ils soient motivés et qu'ils lisent. Ces gens oublient que ce n'est pas comme ça dans la vie. Apprendre est un acte social : nous avons besoin que d'autres partagent avec nous leur expertise. Frank Smith disait que nous apprenons avec trois paramètres : démonstration, explication, pratique. Les trois sont essentiels. Qui voudrait que par essai et erreur, un enfant apprenne à traverser la rue ? Non, nous démontrons la traversée, nous expliquons comment et pourquoi, nous faisons pratiquer. Nous ne sommes pas toujours en projet et je n'en prépare pas toujours pour réaliser une activité. Quel est mon projet quand je lis le soir, avant de dormir ? Il n'y en a pas, la lecture seule me suffit. Nous devons avoir des passions. Nous devons donc faire éclore des passions.

Maman

À qui s'adresse cette leçon ?

À quatre enfants qui accordent trop d'attention aux illustrations et qui effectuent peu de vérification par les lettres.

Lecture guidée

Faire un lien avec les connaissances des enfants.

enseignant : Aujourd'hui, nous allons lire ce livre ensemble.
Que voyez-vous dans l'image ?

enfant 1 : Un garçon rit avec sa mère.

enfant 2 : Il y a un drapeau sur son chandail...

enseignant : Oui, c'est celui de la Nouvelle-Zélande. Pouvez-vous lire le titre ?

enfant 3 : Ben, c'est facile : Maman.

enseignant : Comment peut-on être sûr que c'est Maman ?

enfant 1 : Ça commence par la lettre M.

enfant 2 : Je connais bien ce mot. Il est dans ma boîte.

enseignant : Votre maman fait-elle plein de choses à la maison ?

enfant 4 : Elle me fait mon déjeuner...

On devrait naturellement retrouver ici plusieurs mots qui serviront dans la lecture. Ne pas exagérer le temps consacré à la découverte de ces mots. Faire penser aux sons oblige les enfants à être actifs, à réfléchir sur la langue. Ces mots peuvent ensuite être placés dans une boîte personnelle, pour pratiquer, ou pour être relus lors de la prochaine séance.

enfant 1 : Hier, elle m'a acheté une surprise !

enfant 3 : Elle conduit la voiture pour faire les courses.

enseignant : Je vais écrire les actions que fait votre maman sur différents cartons.
Voilà. Acheter. Comment devrais-je écrire acheter ?
Quels sons entendez-vous ?

enfant 1 : Ça commence par a.

enseignant : Oui. Je l'écris. Ensuite, a-ch...

enfant 3 : J'entends ch mais je ne sais pas comment ça s'écrit...

enfant 4 : C'est c-h. Je le connais, ce son-là !

enseignant : Bravo. C'est bien comme ça. Regardez. a-ch-e...

enfant 2 : Un e !

enseignant : Oui! On a, regardez, a-che-t...

enfant 2 : T ! C'est t !

enseignant : Parfait ! Maintenant on a a-che-t-é.

enfant 4: É !

enseignant : Ici, le son é peut être écrit de deux façons. Je vais l'écrire. Acheter. Acheté. On les lit ensemble.

---

enseignant : Nous allons lire un livre sur des activités que peut faire maman. Les images donnent des indices sur ce qui est écrit, mais il est important de vérifier ce que vous pensez être écrit en regardant bien les lettres et les mots. C'est ce qu'on a fait pour le mot Maman. Et c'est ce que l'on va pratiquer aujourd'hui. On tourne la page.

Obliger les enfants à penser aux sons et aux lettres pour vérifier et confirmer les hypothèses.

enfant 3 : C'est écrit Maman !

enseignant : Bravo, on tourne la page. Que voit-on sur la photo ?

enfant 2 : Sa maman fait la cuisine.

enseignant : C'est un indice. Cuisine commence par quelle lettre, d'après vous ?

enfant 4 : Par un k.

enseignant : Quelle autre lettre fait ce son ?

enfant 3 : Un c... et un q...

enseignant : Y a-t-il un mot qui commence par une de ces lettres dans la page ?

enfant 3 : Oui ! Après Maman.

enfant 2 : On l'a vu tantôt en pensant à des mots. Le voici : cuisiner.

enseignant : Qui peut lire la page ?

enfant 2 : Maman... cuisiner.

enseignant : Est-ce que cela se dit Maman cuisiner ?

enfant 1 : Non.

enseignant : Regardez la dernière lettre du mot...

enfant 1 : Ça finit par e.

enseignant : Qui peut relire la page. On sait que le deuxième mot finit par e.

La seule page lue en groupe pour bien expliciter les attentes de l'enseignant.

enfant 3 : Maman... cuisine.

enseignant : Est-ce que cela se dit Maman cuisine ?

enfant 1 : Oui, oui.

enseignant : Quand vous lirez seuls tantôt, regardez bien les mots pour être certains de ce que vous lisez, et il faut toujours que ce que vous lisez sonne bien.

Le reste de la lecture guidée consiste à bien observer ensemble les illustrations ; l'enseignante verra à bien faire ressortir dans les discussions les mots *jardiner* et *peint*, plus difficiles, par expérience, pour les enfants.

Suivre avec le doigt oblige les yeux à regarder les mots.

enseignant : Maintenant, retournez au début du livre. Lisez-le doucement en suivant bien les mots avec votre doigt. Je vais vous écouter un à la fois et ensuite, je vais inscrire la lecture d'aujourd'hui dans le carnet des rencontres. N'oubliez pas de le pratiquer chaque fois que vous lisez les livres dans votre sac.

J'inscrirai aussi à l'arrière de leur carnet un rappel de la statégie enseignée.

Moi

À qui s'adresse cette leçon ?

À quatre enfants qui n'accordent pas assez d'importance aux illustrations pour chercher des indices de sens.

Lecture guidée

Si le son *oi* n'a pas encore été vu en classe, en profiter pour le montrer à ce groupe. Faire une liste d'autres mots qui ont ce son : toi, roi, joie, etc.

enseignant : Aujourd'hui, nous allons lire ce livre ensemble. Le titre est *Moi*. Ce livre raconte toutes sortes de choses que vous faites. Tournez la page. Que fait la petite fille ?

enfant 1 : Elle parle au téléphone.

enfant 2 : Moi, j'aime ça quand on m'appelle...

enseignant : Oui, et ici on a encore le titre. Pouvez-vous le lire ?

tous : Moi.

enseignant : On tourne la page. Que fait la petite fille ?

enfant 1 : Elle boit du jus d'orange.

enfant 2 : J'aime ça.

Il s'agit de bien prendre le temps de regarder les illustrations avec eux parce qu'ils ne le font pas.

enfant 4 : Moi, je préfère le jus de pommes !

enseignant : Oui, j'ai vu que tu en avais souvent pour la collation! On tourne la page. Que fait-elle ?

enfant 1 : Elle mange une pomme.

enfant 3 : J'ai faim. C'est quand la collation ?

enseignant : Dans environ 30 minutes. As-tu un fruit pour ta collation ?

enfant 3 : Non...

enfant 4 : Moi, j'ai des raisins. Je t'en donnerai.

enfant 2 : Moi aussi, j'aimerais en avoir...

enseignant : C'est gentil de ta part. Quand on lit, il est important de bien regarder les illustrations. Elles donnent souvent des indices sur ce qui est écrit. J'ai remarqué que vous ne le faites pas souvent. Elles ne sont pas là pour rien. Alors, quand vous lirez seuls tantôt, prenez bien le temps de regarder les illustrations et ensuite, de lire les mots. On tourne la page.

L'enseignante ferait lire ici chaque enfant. Peut-être faudra-t-il bien remarquer le mot Je qui revient à chaque page. L'écrire ensemble, le placer sur un tableau magnétique pour le replacer en ordre.

enfant 3 : Elle rit ! Ça a l'air comique !

enseignant : Bravo. On lit cette page ensemble. Mettez votre doigt sous le mot Je. Parfait. On lit... Je... ris. Peux-tu lire seule, Ève ?

Ève : Je… ris !

enseignant : Bravo tout le monde. Je suis fier. Vous regardez bien les illustrations et ensuite, je vois que vous regardez bien les mots. On tourne la page.

enfant 2 : Oh, elle pleure.

enseignant : Toi, pleures-tu parfois ?

enfant 2 : L'autre jour, à la récréation, Yan m'a poussée. Et je me suis écorché les genoux. Ça faisait mal.

enfant 1 : Je suis tombé en vélo, en fin de semaine.

enseignant : Ouah! Tu as dû pleurer, hein ? C'est toujours triste quand on se fait mal. Pleurer commence par quelle lettre ?

enfant 3 : Par un p.

enseignant : Bravo, on tourne la page. Que voit-on sur la photo ?

enfant 2 : Elle parle au téléphone.

enfant 4 : C'est comme au début. Regarde (elle fouille dans le livre pour retrouver cette page).

Lors de l'analyse de méprises, voir si les enfants lisent Je parle au téléphone. Vous pourriez aussi décider de vérifier tout de suite et d'intervenir.

enseignant : Bonne observation.

La lecture guidée se poursuit par l'observation des illustrations.

enseignant : Maintenant, retournez au début du livre. Lisez-le doucement en suivant bien les mots avec votre doigt. Je vais vous écouter un à la fois et ensuite, je vais inscrire la lecture d'aujourd'hui dans le carnet des rencontres. N'oubliez pas de le pratiquer à chaque fois que vous lisez les livres dans votre sac.

J'inscrirai aussi à l'arrière de leur carnet un rappel de la statégie enseignée.

J'annoterai dans le carnet des rencontres, inséré dans le sac de lecture (section suivante) de chaque élève, ce que nous avons vu, les remarques sur la rencontre, certaines observations, l'analyse des méprises en route et j'inscrirai au verso du carnet la stratégie proposée à l'enfant.

Plus tard, quand les enfants sont plus avancés, il faut naturellement leur enseigner des stratégies de compréhension. En première année, pour les lecteurs en transition et aisés, j'utilise trois sortes de cartes sémantiques. Elles sont remplies pendant la lecture, et non après. Le but de l'utilisation de ces cartes est de faciliter et d'approfondir la compréhension, de cibler des stratégies de compréhension, et non de rendre compte de la lecture. Elles sont temporaires et ciblent certains élèves, pas toute la classe (voir les annexes B-4, B-5 et B-6). Elles s'adressent à un groupe restreint d'élèves et peuvent être utilisées facilement jusqu'en troisième année.

Je commence toujours par introduire ces cartes lors de mes lectures à haute voix au groupe. Je remplis la carte avec les enfants pendant la lecture. Je parle du bienfait de ces réflexions et j'explique comment elles nous aident à bien comprendre ce qu'on lit. Après avoir introduit les cartes, je les utilise pour la lecture guidée avec un petit groupe d'élèves prêts à approfondir des lectures. Ces cartes pourront être utilisées l'année suivante et dans les cycles supérieurs.

Avant chaque période de lecture, dès le début de l'année, il y a toujours une leçon. Ce peut être des instructions ou des précisions sur le déroulement de la période, un partage de connaissances sur les sons, des activités portant sur la ponctuation, des informations sur des auteurs ou des genres, etc. Je n'y reviendrai pas, mais n'oubliez pas la présence de ces leçons de groupe.

Que font les autres pendant ces rencontres guidées ? Au début de l'année, ils font les activités de lecture et de lettres. Plus tard, ils lisent les livres de leur sac de lecture.

Tableau 2.7

Stratégies de compréhension à démontrer et à enseigner	**Caractéristiques des livres utilisés**
Arrêter et réfléchir	Une histoire forte, quelque peu prévisible, avec des points importants qui incitent à la discussion.
Carte sémantique de l'histoire	Une histoire avec une structure de résolution de problème : les éléments recherchés sont faciles à identifier.
Carte sémantique d'un personnage	Une histoire où le personnage est intéressant et évolue au fil des pages, où l'on peut prévoir son comportement et, idéalement, un personnage que l'on pourra retrouver dans un autre livre.
Écrire pour approfondir	Une histoire qui peut être interprétée de plusieurs façons, qui oblige le questionnement et la discussion, qui porte à réfléchir et qui présente des problèmes familiers.
Carte sémantique avant — après	Des livres dont les enfants ont une certaine connaissance du sujet, avec des idées qu'ils explorent en sciences, de la fiction qui donne des informations véridiques ; des livres avec des graphiques ou des tableaux qu'ils pourront compléter.

Sacs de lecture

Toute cette section est inspirée du travail de Sharon Taberski, du Manhattan New School. J'avais été stupéfait par la compétence de ses élèves. Je ne peux maintenant que constater les bienfaits de ce travail pour mes propres élèves. Je lui dois beaucoup et je l'en remercie.

Il est important que mes élèves lisent des livres qui ne sont pas trop difficiles, ni trop faciles, quand ils lisent seuls. Les livres doivent être juste parfaits, avec un degré de difficulté commençant à 95 % de mots bien lus, un peu à l'image de Boucles d'or, qui ne voulait pas le lit trop dur ni le lit trop mou, mais le lit juste parfait. Nous, adultes, lisons à peu près toujours selon ces barèmes[4].

Il est important de faire comprendre aux enfants qu'ils ne pourraient monter sur le vélo de leur père pour apprendre à pédaler. Ils ont besoin d'un vélo à leur taille. C'est pareil pour la lecture.

Alors, parallèlement aux lectures guidées et partagées, je prépare un sac de livres personnalisé pour chaque enfant. Mes observations, mes analyses de méprises, mes discussions et les commentaires des enfants m'aident à composer ce sac de lecture. Avec de la lecture adaptée à leur niveau et à leurs goûts, les enfants ont la concentration et l'intérêt voulus pour lire sans déranger les autres, ce qui me permet de continuer à faire de l'enseignement explicite en lecture guidée ou simplement des rencontres individuelles.

Les livres accompagnés d'un astérisque (*) sont des traductions de livres anglais que nous avons achetés.

Maxime, lecteur apprenti, a dans son sac :

Je peins, de Jon Madian*
L'accident, de Jenny Giles*
Stop, de Beverley Randell
Gouttelettes, de Jon Madian*
Où sont les œufs ?, de Jenny Giles*
Où sont les bébés ?, de Beverley Randell
Moi, la chenille, de Jean Marzollo
Son carnet des rencontres

Léa, lectrice débutante, a dans son sac :

Un litre de crème glacée, de Karen Krasny
Viens te balancer, de Gail Tuchman
Combien d'animaux, de Charlotte Montgomery*
J'aime les insectes, de Mary Dixon-Lake*
J'adore les chapeaux, de Blair Dawson
Dix chiens dans la vitrine, de Claire Paparone
Allô ! Allô ?, de Chris Rashka
Non, David, de David Shannon
Son carnet des rencontres

Marianne, lectrice aisée, a dans son sac :

Tête à poux, de Béatrice Rouer
On dirait une sorcière, de René Gouichoux
Le loup qui tremblait comme un fou, de Christophe Merlin
Solo chez madame Broussaille, de Lucie Bergeron
Crocodébile, de Thierry Lenain
Son carnet des rencontres

[4] Quand dites-vous à votre conjoint que vous avez enfin réussi à lire deux pages d'un livre, mais que vous finirez par « passer à travers » ?

Quand l'activité du sac de lecture remplace toutes les activités sur les lettres, mes élèves font tous la même activité, mais à des niveaux de difficulté différents. Tous lisent, et aucun ne se sent à part des autres. Pendant qu'ils lisent, j'enseigne. Et comme ils lisent à leur niveau de compétence, on ne perd pas de temps et je travaille sans être dérangé. Tous restent concentrés.

Au moment de la période de lecture, je distribue les sacs par paquet de quatre, le premier élève nommé allant porter les sacs aux trois autres, qui doivent avoir déjà trouvé un endroit où lire, endroit où ils demeureront durant toute la période. Je nomme aussi les enfants avec lesquels je vais travailler ; ils iront à une table qui leur est réservée. Quand toute la classe est au travail, je vérifie que tout le monde est bien installé, que le ton est calme et que tous ont pris le temps de relire le verso du carnet des rencontres pour se remémorer ce à quoi ils doivent être attentifs. Je rencontre ensuite certains élèves en tête-à-tête, ou quelques équipes pour la lecture guidée.

Lors d'une rencontre individuelle, les élèves présents à la table continuent la lecture des livres de leur sac. Durant cette rencontre, je peux discuter du contenu du sac, changer ou ajouter certains livres, écouter la lecture d'un des livres, demander un rappel d'histoire, discuter de la difficulté de certains livres, féliciter ou encourager l'utilisation d'une stratégie enseignée, préparer un travail à faire, m'assurer de la connaissance des diverses procédures. À la fin de la rencontre, je note dans chaque carnet des rencontres le contenu de la rencontre, en précisant la date, et j'écris, au verso, un rappel de ce que nous avons convenu de pratiquer. Les notes varient :

« N'oublie pas de relire deux
fois chaque page.

Essaie de trouver un mot avec
une partie semblable.

Regarde les illustrations avant de lire.

Réfléchis à ce que tu as lu avant de lire
un autre chapitre.

Remplis une carte sémantique
durant la lecture.

Saute un mot difficile et reviens ensuite.

Regarde bien les dernières
lettres du mot.

Suis les mots avec ton doigt. »

Les enfants doivent lire cette note avant de commencer à lire.

J'alterne lectures guidées et rencontres personnelles. Ces cahiers annotés, utiles lors des rencontres de parents, me serviront à rappeler à un enfant ce qu'il doit travailler, à vérifier la portée de nos rencontres, à poser un regard critique sur celles-ci et à responsabiliser l'enfant dans sa lecture.

Exemples d'annotations

Voici des extraits de cahiers des rencontres. Remarquez le côté informel et, en même temps, des informations qui me permettent de décider de la suite à donner pour faciliter le progrès des élèves.

18 oct.

Livre : Tout à coup, Samson

Mots : es, est, loup, cochon { écris + l. magn.

am = an

On l'a lu une fois.

27 mars

Termine les livres sur l'alphabet.

On remplace.

Niveau Rouge (2)

Devra faire partie d'un petit groupe avec Mélissa ? et David

28-03-01

Travail sur les syllabes, reconnaissance rapide

15 de jan. 2000

Je vois

✓ ✓

✓✓✓✓

✓✓✓✓

✓✓✓✓ ✓✓✓

✓✓✓·manche ✓

✓✓✓✓✓

✓✓✓✓

Je mange des feuilles

✓ ✓ ✓ ✓

✓✓✓✓ ✓✓✓✓

✓✓✓✓ ✓✓R✓✓

✓✓✓R✓ ✓✓✓✓

✓✓✓✓ ✓✓✓✓

✓✓✓✓ ✓✓✓ fille RC

✓✓✓ Et ✓✓✓✓

Est-s

Qui

✓✓✓

Au baseball

✓ mar-que R ✓ sa é-ga-lité R

✓ par-par R parte RC ✓ ✓ R

prends

✓ su-i-suisse RC ✓ marr-bre-PR

✓ ✓ R

10 ✓ ✓ ✓ ✓

✓ passe R^2C

cours

✓✓✓✓✓

✓✓✓✓✓

✓✓✓✓✓✓

c'est-su-R-rrP

super

Bonne attaque phonétique

17 ✓✓RP✓✓RP

18 ✓✓R ✓✓R

✓✓RP✓✓✓R

(23) J|N|C ✓✓

✓✓✓

21 nov 2000

Manque de rigueur dans sa pratique

~~Les animaux~~ Le skieur

JeP ✓✓
✓✓✓✓
✓✓✓✓
✓✓✓
✓
✓✓✓ rue
route
✓✓
✓✓✓✓
✓✓✓✓

doit être ramené aux lettres

suivre doucement le mot

je vois

Madame B

(1) ✓✓✓ ✓✓
✓✓✓✓
✓✓✓✓
✓✓✓ sa
✓c ✓✓

(2) ✓✓✓✓✓
✓lève/c ✓✓✓✓✓
✓✓✓ ✓✓
✓✓✓ ✓
✓✓✓✓✓

(3) ✓✓✓✓
✓✓✓✓
✓✓✓✓✓
✓✓✓ ✓✓
✓✓✓

(4) ✓✓✓.
✓✓✓ ✓✓✓
✓✓✓✓
✓✓✓✓✓
✓✓✓✓✓
✓.✓✓ coul✓
✓✓

Niveau vert
(1)
mais reagit tard

Bien.
A travaillé la compréhension car lit bien les mots

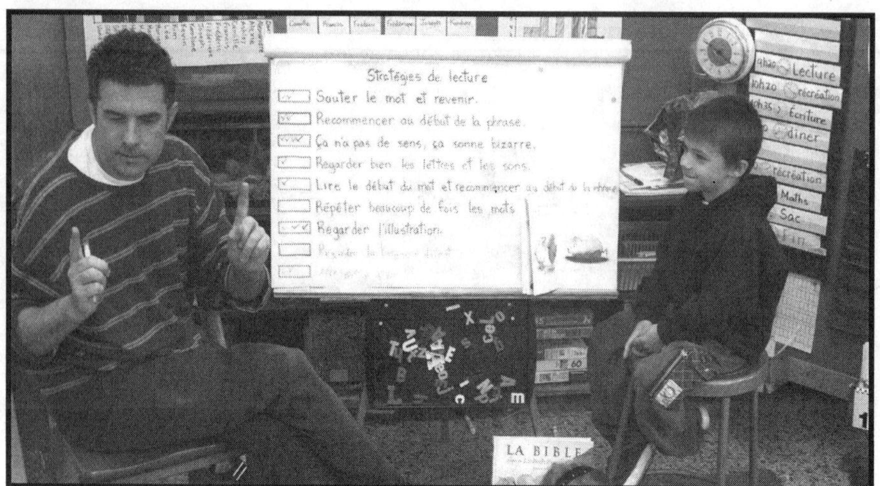

À la fin de la période, je pose cette question aux enfants : Qui a eu de la difficulté à lire un mot et qui aimerait expliquer aux autres comment il a réussi à le lire? Une fois tous les sacs replacés dans les paniers appropriés, deux ou trois enfants qui en ont manifesté le désir expliquent leurs stratégies aux autres élèves dans le coin de lecture. La question sera la même toute l'année. Elle permet aux élèves de se familiariser avec le vocabulaire employé et d'être attentifs aux stratégies.

J'écris le mot sur un tableau et j'aide l'élève à clarifier sa démarche. Plus on exige des élèves qu'ils expriment clairement leur démarche, plus ils le font. Durant la période ou vers la fin, les élèves écrivent un des titres lus dans l'annuaire de lecture de leur sac et à la fin d'un cycle de cinq jours, ils parlent d'un des livres par écrit. Ces annuaires iront ensuite dans leur chemise de lecture (voir l'annexe B-7).

Ces annuaires de lecture devront être discutés et montrés au groupe, naturellement. Le but n'est pas de faire écrire les élèves sur leurs lectures. Il faut partager des coups de cœur, poser des questions, inciter à la lecture, demander des éclaircissements… (voir plus loin la discussion sur les journaux de lecture). Il faudra donc parler de ces annuaires, y répondre régulièrement ou les partager avec le groupe. Si des feuilles comme celles-ci ne servent qu'à occuper les enfants, ils s'en rendent vite compte et les abandonnent.

Au début, il faut revenir souvent sur ces annuaires, les copier sur des transparents, discuter de nos attentes, établir différents dialogues. Ces feuilles sont importantes aussi pour des raisons qui échappent aux enfants : elles permettent d'observer leur progrès comme lecteur, de savoir combien de livres ils ont lus, et aussi comment ils évoluent comme scripteurs. J'y reviendrai dans le quatrième chapitre portant sur l'évaluation. Et oui, j'entends la question, j'exige une belle calligraphie ; quant à l'orthographe, vous aurez des éclaircissements dans le troisième chapitre.

Je cherche à classer mes livres par niveau de développement (quatre couleurs[5]), avec trois degrés de difficulté par niveau. Naturellement, je change en cours d'année la classification de certains livres et je suis toujours à la recherche d'une meilleure

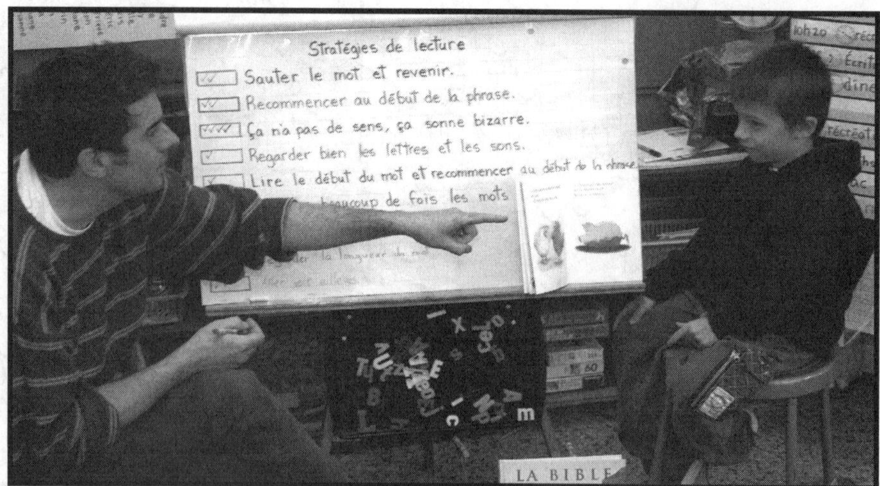

[5] À la fin de l'année dernière, j'ai dû ajouter une cinquième couleur.

façon de classer. Le classement aide aussi les élèves à faire leur choix : lors des rencontres, je peux dire à un élève d'aller chercher quelques livres dans une certaine boîte ; il peut aussi me proposer une boîte de niveau plus élevé.

À titre d'exemple, voici des livres contenus dans ma boîte rouge, la plus facile :

Les séries I et II de Premiers mots, chez Scholastic

Les livres GB+, niveaux 1- 2, chez Beauchemin

Alpha-jeunes, niveaux 1- 2, chez Scholastic

Papa fait des calins, d'Alain Le Saux

Papa lapin, d'Alain Le Saux

Papa roi, d'Alain Le Saux

Hop, de Jean Maubille

La série L'Art pour les petits, chez Gallimard

Grandes oreilles, de Jane Cabrera

Dents pointues, de Jane Cabrera

Gros yeux, de Jane Cabrera

Petits nez, de Jane Cabrera

Des abécédaires maison

Des abécédaires sur les prénoms des enfants de la classe

Quelques titres de la série Mes premiers mots, chez Québec Amérique jeunesse

*Je vois**

*Je mange des feuilles**

*Je peins**

*Il y a une souris dans la maison**

*Dans la forêt**

*Pouit !**

*Chapeaux amusants**

Il ne faut tout de même pas trop s'en faire avec le choix du niveau approprié. Il serait insensé de vouloir tout contrôler. Puisque je rencontre souvent individuellement les élèves, s'ils savent utiliser certaines stratégies de dépannage, et s'ils lisent souvent, ils chevaucheront plusieurs niveaux de difficulté sans problème.

Tableau 2.8

Le niveau de difficulté d'un livre

Facteurs à considérer dans le choix des livres pour lecteurs débutants et apprentis :

- Taille et espacement des caractères
- Nombre de mots et de lignes par page
- Disposition du texte
- Lien entre les illustrations et le texte
- Structure répétitive et prévisible
- Proximité du langage oral des enfants
- Sujet proche des préoccupations des enfants
- Difficulté des mots

Voici d'autres facteurs à considérer pour le lecteur plus avancé :

- Longueur du livre
- Complexité des personnages et de l'histoire
- Degré d'aide offert au début des chapitres et du livre
- Concepts convenant à l'âge des enfants
- Index, glossaire, table des matières, chapitres
- Connaissance et expérience du sujet
- Équilibre entre la narration et les dialogues
- Mots clés concernant le temps
- Humour approprié à l'âge des enfants
- Le livre fait-il partie d'une série ?

C'est très différent pour des élèves qui éprouvent des difficultés : il faudra être très attentif et leur donner des livres de niveau approprié.

Sac de lecture des apprentis :
plusieurs livres courts, à relire souvent avant de les remplacer. Ces lecteurs ont besoin de plus d'accompagnement pour lire seuls. Je leur laisserai aussi quelques livres d'un niveau supérieur sur cassette.

Sac de lecture des débutants :
plusieurs livres, plus de pages, ces lecteurs ont moins besoin d'accompagnement.

Sac de lecture des lecteurs en transition :
livres semblables, séries, qui se lisent parfois en plus d'une journée.

Sac de lecture des lecteurs aisés :
poésie, variété de styles et de genres, romans, albums plus longs.

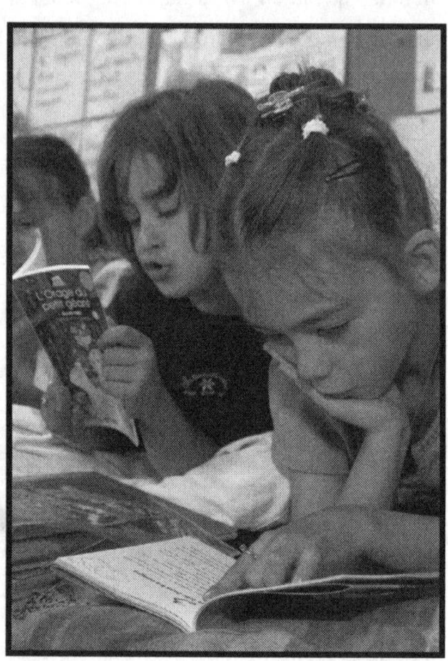

Lecture indépendante

Voilà. Les élèves lisent le message du matin, lisent les mots sur les murs, font de la lecture guidée, lisent à leur niveau : la classe fonctionne bien et j'enseigne ce dont chacun a besoin. Il faut quand même leur donner l'occasion de lire ce qu'ils veulent parmi l'assortiment de livres dans la classe. Dans ma classe, c'est le matin, lorsque les tâches sont terminées. Ils peuvent alors lire ce qui leur plaît.

Que font-ils pendant ce temps ? Une quantité de lectures, oui, mais aussi des lectures variées. Ils peuvent puiser dans leur sac, écrire dans leur annuaire de lecture, réfléchir dans leur journal de lecture, lire de grands livres, lire un livre emprunté à la bibliothèque de l'école, écouter une histoire, partager un livre avec un copain, ou remplir une carte sémantique.

Et quand tout roule, je peux enseigner et coordonner. J'ai du temps et la paix pour le faire. Certains disent qu'il faut lire en même temps que les enfants, pour qu'ils aient le modèle d'un adulte lecteur. Dans ma classe, et dans de nombreuses autres, je n'ai pas besoin de démontrer artificiellement mon amour de la lecture : les enfants savent que j'aime lire, me voient souvent lire devant eux et m'entendent souvent partager mes connaissances et ma passion. Je profite de ces moments de lecture indépendante pour lire avec certains élèves.

Il est évident que pour apprendre à lire, il faut lire régulièrement et longtemps. J'ai toujours une pointe de tristesse quand j'entends des élèves du troisième cycle dire qu'ils ont cinq (oui, cinq, pas dix, ni quinze), que cinq pauvres petites minutes par jour pour lire en classe. Quel lecteur adulte ne réserve que cinq minutes à la lecture ? C'est le temps nécessaire pour entrer dans le livre, pour atteindre la concentration adéquate. Un peu comme si on couchait les enfants et qu'on ne les laissait dormir que cinq minutes. Et qui voudrait jouer au tennis cinq minutes par jour ? Frustrations.

Ces périodes montrent que nous respectons nos jeunes lecteurs, car nous leur donnons du choix, de la variété et du temps.

En plus de tout ce qui précède, il y a la lecture en équipe, les lectures en groupe de nos écrits, des lectures partagées de nos livres d'entrevues (voir le chapitre sur l'écriture), des élèves qui lisent devant les autres par choix et par goût, des études dirigées d'auteurs et de genres, des études scientifiques, des recettes et tout ce qui plaît à l'enseignant : il y aura toujours des enseignants lettrés qui sauront tirer profit de la richesse littéraire qui les entoure, et qui feront en sorte que cette richesse fasse partie de la vie de leurs élèves.

Apprendre à lire par la littérature exige une classe où il y a de nombreux livres, une connaissance des processus impliqués et une culture littéraire riche. Cela exige aussi de questionner ce qui ne fonctionne pas, d'améliorer ce qui semble donner des résultats et de toujours chercher de nouvelles avenues.

Enseigner à lire ne peut se faire sans l'apprentissage simultané de l'écriture. L'élève ne peut faire que de la calligraphie et de la copie en attendant qu'il puisse écrire.

Parlons donc d'écriture.

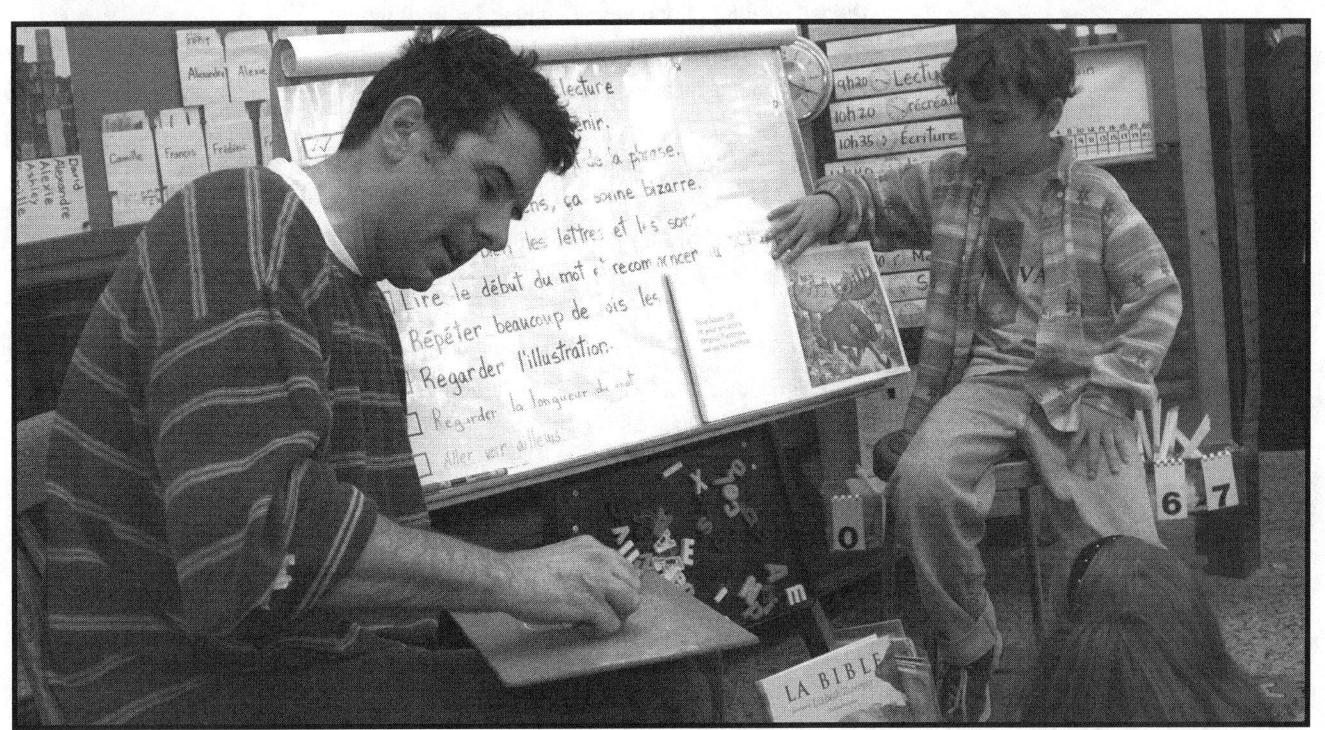

Lectures suggérées

(voir la bibliographie pour les références complètes)

Bringing It All Back Home. In Side by Side : Essays on Teaching to Learn
de Nancy Atwell
Belle réflexion sur l'importance d'aimer lire pour mieux transmettre cette passion aux enfants.

In the Middle : Reading, Writing and Learning with Adolescents
de Nancy Atwell
Un livre qui n'est pas pour la première année puisque l'auteure enseigne au secondaire, mais un livre inspirant, car il nous aide à savoir où vont nos élèves.

Classrooms that Work : They Can All Read and Write
de Patricia Cunningham et Richard Allington
Un livre plein de belles idées et de gros bon sens, écrit par des gens qui travaillent en classe.

Le sondage d'observation en lecture et en écriture
de Marie Clay
Enfin traduit, ce livre est incontournable.

Guided Reading, Good First Teaching for All Children
de Irene C. Fountas et Gay Sue Pinnel
Excellent pour la lecture guidée et la classification des livres par niveau.

Radical Reflexions : Passionate Opinions on Teaching, Learning, and Living
de Mem Fox
Une auteure australienne populaire nous livre ses impressions et ses opinions sur la lecture.

Reading Miscue Inventory : Alternative Procedures
de Yetta Goodman, Carolyn Burke et Dorothy Watson
Bel historique sur l'analyse de méprises, explications sur la procédure et analyse de l'acte de lecture.

Constructive Evaluation of Literate Activity
de Peter Johnston
Excellent pour la pratique de l'analyse de méprises rapide, et réflexion sur l'évaluation.

Comme un roman
de Daniel Pennac
LE livre le plus important écrit sur la lecture et sur le plaisir à faire aimer lire. S'il n'y avait qu'un livre à recommander, ce serait celui-ci.

On Solid Ground : Strategies for Reading K-3
de Sharon Taberski
Que dire, ce livre est une mine d'or pour le suivi des élèves et l'organisation de la classe ; excellente discussion sur la lecture. Un bijou.

The Read Aloud Handbook
de Jim Trealease
Une mine d'or sur la lecture à haute voix : recherches, pratiques ; plein de bon sens.

Report Card on Basal Readers
de Yvonne Freeman, Kenneth Goodman, S. Murphy et Patrick Shannon
Une étude sur l'impact des manuels scolaires, leur histoire et le traitement des enseignants à travers eux.

Les textes littéraires à l'école
de Jocelyne Giasson
Je me demande toujours où nous en serions sans le travail énorme de vulgarisation que fait Jocelyne Giasson. Sans elle, peu d'enseignants auraient la chance de connaître des alternatives aux manuels. Tous ses livres sont à lire.

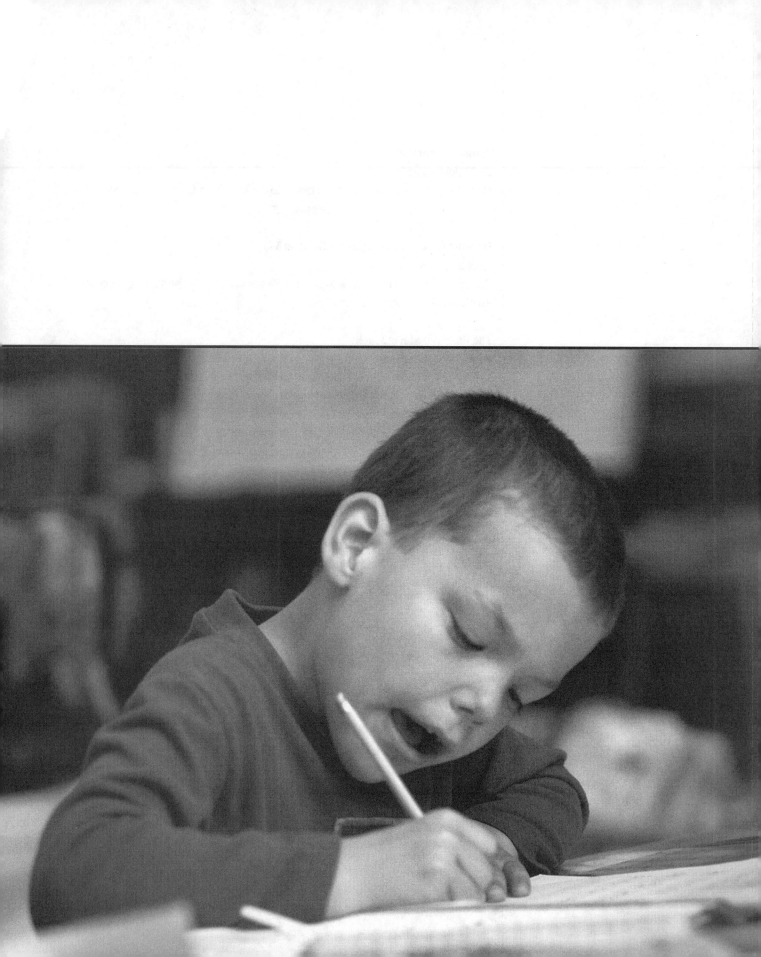

3

(...) l'écriture scolaire traditionnelle – rédiger plutôt qu'écrire – est aux antipodes, exactement, de l'écriture littéraire. (...) [Elle] est une écriture sans destinataire. (...) Peut-être qu'au contraire, c'est qu'il y en a un ; présent ; trop présent ; trop précis. Un maître.

Dire, lire, écrire (1993)

L'écriture

Nous voulons tous que nos élèves aiment écrire. Mais nous, aimons-nous écrire ? Avant de continuer, réglons le cas d'un sujet épineux et controversé : l'orthographe. Les mots doivent toujours être bien écrits, on ne peut laisser passer des erreurs, le niveau baisse, vite les dictées, et quoi encore : à lire les éditorialistes depuis plus de 25 ans, on est porté à croire que le niveau baisse depuis 1859 ! Quoi penser, au juste ?

Pour bien répondre à cette question, il faut observer des classes instruites où les enfants écrivent souvent. Il faut aussi analyser l'écriture des enfants et chercher à comprendre ce qu'ils tentent de faire. Et si nous cherchions à expliquer nos observations plutôt qu'à appliquer une théorie ? Je pense qu'actuellement, comme depuis toujours, nous n'appliquons aucune théorie à l'orthographe, car nous agissons selon des croyances et des traditions.

J'aimerais vous présenter l'écriture de deux enfants d'une même maternelle. Leur enseignante lit des textes collectifs seule et avec ses élèves (messages du matin, grands livres, chansons, comptines, recettes, etc.). Elle les fait écrire dès les premiers moments et à toute occasion (jeux de rôles, menus, prescriptions, notes, commandes) ; elle les fait réfléchir à la langue affichée sur les murs ou jouer avec le nom des copains ; elle suscite une réflexion sur les mots ; elle anime des ateliers d'écriture avec le matériel adéquat (feuilles, agrafeuses, crayons) et arrive à faire écrire, au même moment, des histoires à tous les élèves et à les faire lire aux autres. Pour plus de détails, vous devriez lire le texte de Francine Veilleux dans *J'apprends à lire… Aidez-moi !* de Jacqueline Thériault.

Premiers jours de maternelle. Simon et Philippe écrivent. Que savent-ils ? Simon connaît seulement les lettres de son nom, mais il sait aussi qu'il peut en varier l'ordre pour qu'on lise autre chose que son nom. La calligraphie est malhabile.

Philippe connaît de nombreuses lettres autres que celles de son nom. Sa calligraphie est plus sûre et plus ferme. Il y a même un trait d'union (il n'en connaît pas l'utilisation exacte, mais il sait que ça existe, alors pourquoi ne pas en mettre un !).

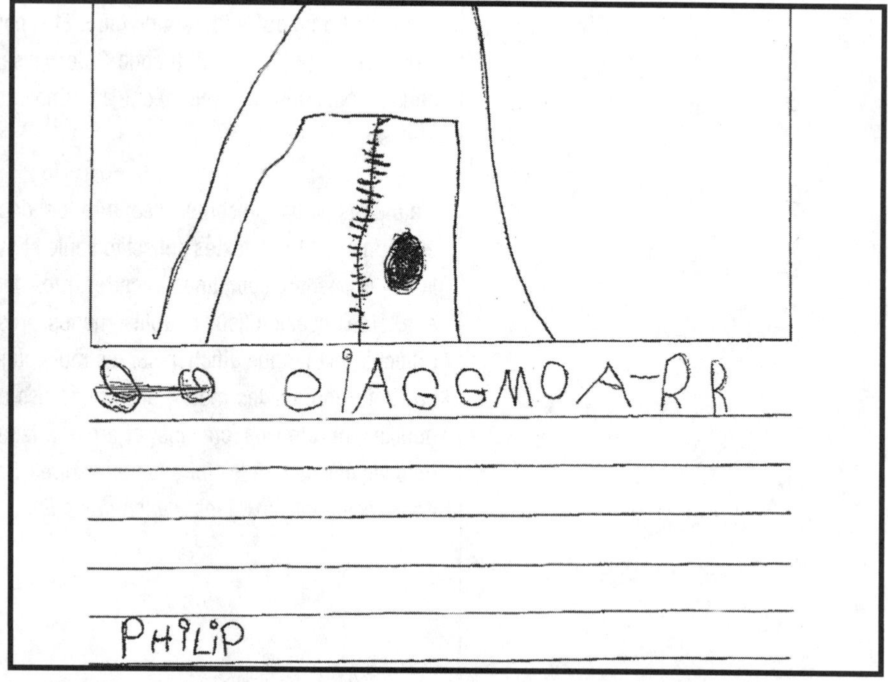

Plus tard, en janvier, Simon sait écrire plusieurs lettres, connaît des majuscules et des minuscules (ne sait peut-être pas encore qu'elles représentent parfois la même lettre) et va de gauche à droite. Sa réflexion sur la langue est transformée. Observez les trois premières lettres : elles représentent BOUMBO (petite voiture jaune dans l'émission *Bibi et Geneviève*). Simon vient de comprendre la relation entre les sons et les lettres : il est attentif à certains sons et il les écrit.

C'est la nuit de Noël. Je me réveille. J'allume la lumière.

Philippe, quant à lui, comprend mieux cette relation. Il nous est facile de lire, *avec nos oreilles*, ce qu'il écrit. Il a même une rature de sens ! Analysez REVEI pour réveille. Étirez-le : ré-ve-i-e. Vous verrez le beau travail difficile fait par ce garçon pour écrire ce mot.
Ni l'un ni l'autre n'a encore conscience du mot.

Turtles
Mikhelangelo Léonardo

Simon ne met plus de lettres inutiles, malgré l'absence de certains sons. Toutes les lettres représentent des sons. Il comprend qu'il faut écrire ce qu'on entend.

C'est le temps de dîner.
C'est le temps de souper.

Philippe sépare maintenant les mots et s'attaque à des phonèmes complexes. Remarquez le EN, le OU. Les traits d'union servaient à séparer les mots. Un mot de son enseignante sur les espaces et il intègre. Remarquez aussi la calligraphie de souper. C'est évidemment un mot difficile et, comme toute personne face à une difficulté, il délaisse momentanément certaines compétences (par exemple, un conducteur novice d'une voiture manuelle qui en est à sa troisième tentative pour repartir en haut d'une colline avec un camion collé à l'arrière sera incapable d'ajuster le chauffage de cette voiture). Et que dire de son utilisation du point ?

J'ai aimé ça quand tu nous as lu le message, Francine.

À la fin de l'année, Simon écrit à son enseignante ce qu'il a aimé. Les sons sont presque tous représentés. Il n'y a pas encore conscience du mot (pas évident pour les débutants : cette particularité de l'écrit n'existe pas à l'oral et elle est difficile à expliquer, elle s'acquiert par l'expérience). Remarquez une stratégie propre à cette étape : les consonnes veulent dire beaucoup. Nous assistons à un début de phonèmes complexes.

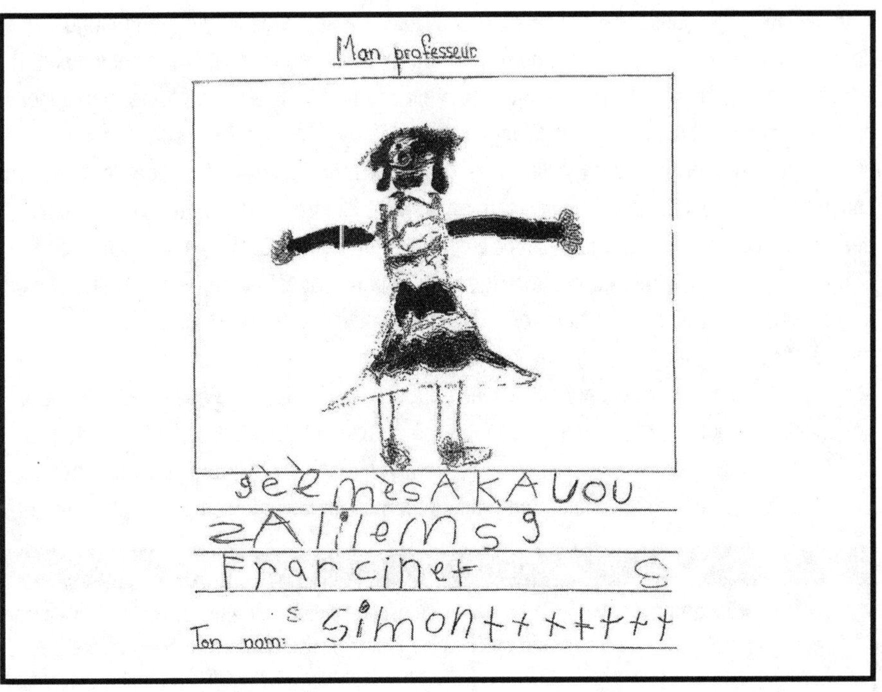

Il creuse dans le ciment. Dans un arbre.

Philippe, sur sa lancée, intègre beaucoup d'aspects visuels de la langue. Notons sa conscience du mot, les graphies complexes, la permanence de certains mots et l'utilisation de stratégies sonores.

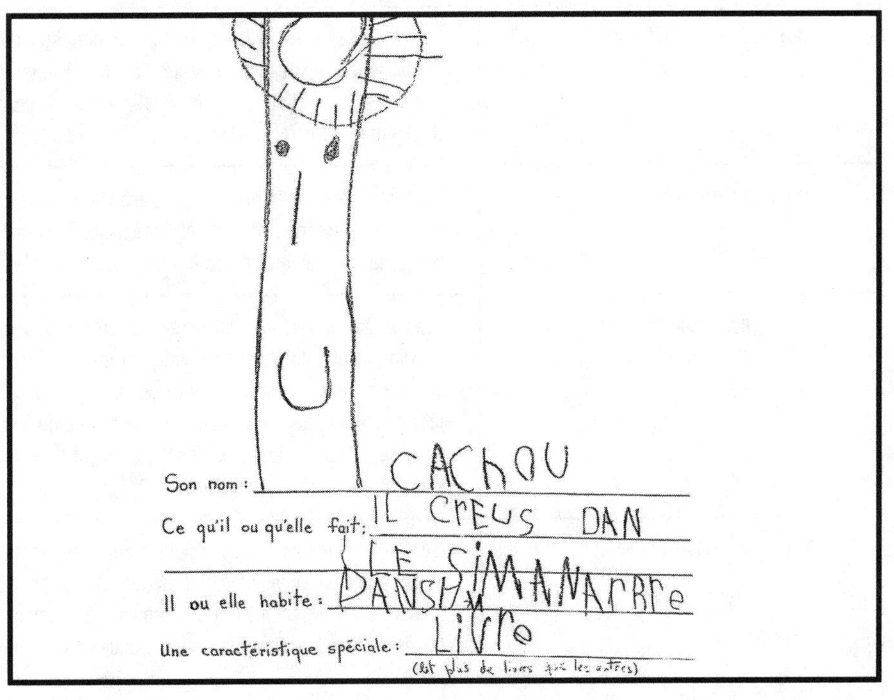

Pour les deux garçons, une année extraordinaire s'achève. Une année où, poussés adroitement par leur enseignante, ils ont perfectionné leurs hypothèses sur la langue et ont pu explorer comment celle-ci se construit. Je suis toujours émerveillé par des exemples comme ceux-ci. Philippe et Simon ont évolué au-delà de nos attentes parce que le milieu scolaire où ils baignaient est un lieu de savoir, avec des attentes élevées, un milieu qui facilite et oblige les réflexions sur la langue.

Ces enfants sont deux parmi tant d'autres. Chacun a ses expériences de la langue en entrant à la maternelle, si minimes soient-elles. Chacun a son parcours personnel pour arriver à l'écriture conventionnelle[6]. Malgré la nomenclature variée, le tableau suivant illustre ce que nous savons maintenant sur le développement de l'écrit, corroboré par de nombreuses recherches et les observations d'enseignants.

Le passage d'une étape à l'autre est généralement graduel, plusieurs étapes peuvent cœxister dans un échantillon d'écriture et les enfants ne vont pas subitement d'une étape à l'autre. Tous les enfants ne passent pas nécessairement par les mêmes étapes, certains allant même jusqu'à en sauter une.

Maintenant, allons en première année. Mes élèves viennent de milieux variés et n'ont pas tous des expériences aussi heureuses que Philippe et Simon, ni autant d'acquis à leur entrée en première année. Voici un regard assez honnête sur des enfants de ce niveau.

Tableau 3.1	
Étape précommunicative	Au début, l'enfant utilise les symboles de l'alphabet, mais ne démontre aucune connaissance des correspondances lettres-sons. Son écriture n'est lisible que par lui-même. Il peut aussi ne pas connaître l'alphabet, ni la distinction entre les majuscules et les minuscules, ou la direction gauche-droite de notre écriture. Il confond même l'objet et sa représentation graphique : le mot «éléphant» prendra plus de lettres que le mot «fourmi». Les exemples 1 de Simon et Philippe illustrent cette étape.
Étape semi-phonétique	L'enfant commence à comprendre les correspondances lettres-sons. Il emploie ici une logique primaire, utilisant des lettres seules pour représenter des mots, des sons ou des syllabes (c pour c'est, l pour elle, g pour j'ai). L'enfant possède ou non la capacité de segmenter les mots. Les exemples 2 et 3 de Simon l'illustrent.
Étape phonétique	L'enfant utilise une lettre ou un groupe de lettres pour représenter tous les sons entendus dans un mot. Bien que le choix des lettres ne soit pas toujours conforme à la convention, celles-ci représentent toujours ce que l'enfant entend. Parvenu à cette étape, l'enfant peut, habituellement, segmenter les mots.
Étape de transition	Les conflits cognitifs résultant de ses lectures et de ses échanges en classe amènent l'enfant à assimiler les différentes alternatives d'usage aux sons, se détachant de cette dépendance aux sons entendus pour se tourner vers la représentation visuelle et une compréhension de la structure des mots. Il comprend qu'il doit non seulement représenter ce qu'il entend, mais aussi ce qu'il doit voir. Les aspects sémantiques, historiques et visuels prennent de plus en plus d'importance. La morphologie du mot s'ajoute aux analyses phonétiques.
Étape conventionnelle	L'enfant possède de solides notions d'orthographe et de ses règles de base. Il connaît les préfixes, les suffixes, les lettres muettes, différentes orthographes et épellations irrégulières. Son vocabulaire écrit s'enrichit et il reconnaît des formes incorrectes. Les généralisations sur l'orthographe et la connaissance des exceptions sont habituellement correctes.

[6] Je suis toujours étonné quand je vois des manuels imposer des parcours d'apprentissage identiques à des individus si différents. Quelle absence de bon sens.

Kevin (17 septembre 2000)
J'ai fait du vélo.

Ashley (17 septembre 2000)
J'aime pas ça quand papa fume.

Il est clair ici que Kevin et Ashley ont une expérience en écriture. Les deux ont compris que l'on doit coucher des sons sur papier. Et ils le font tous les deux de façon magnifique. Kevin écrit seulement le premier son entendu, sauf pour les mots « du », où il écrit le dernier son entendu, et « vélo », où il écrit une lettre par syllabe. Remarquez l'espace entre « j'ai » et le reste de sa phrase. Ashley, elle, entend beaucoup mieux les sons et écrit de nombreuses lettres. « Quand » était difficile à écrire, mais les autres mots sont presque complets. Dans les deux cas, aucune lettre inutile, et une grande attention aux sons. Nous devrons amener Kevin à être plus attentif aux sons, tandis qu'avec Ashley, nous nous attarderons aux espaces et aux sons complexes.

Elsa (4 septembre 2001)

Elle écrit quelques lettres, certaine de ne pas savoir. Elle est à l'étape pré-communicative : impossible de lire sans elle ce qu'elle vient d'écrire. Nous travaillerons donc sa connaissance des lettres et une écoute sérieuse des sons.

Quelques semaines plus tard, Kevin écrit : ***J'ai fêté la fête à mon frère.***

Il s'est beaucoup amélioré. Il écrit plus qu'une lettre par mot et il connaît certains mots.

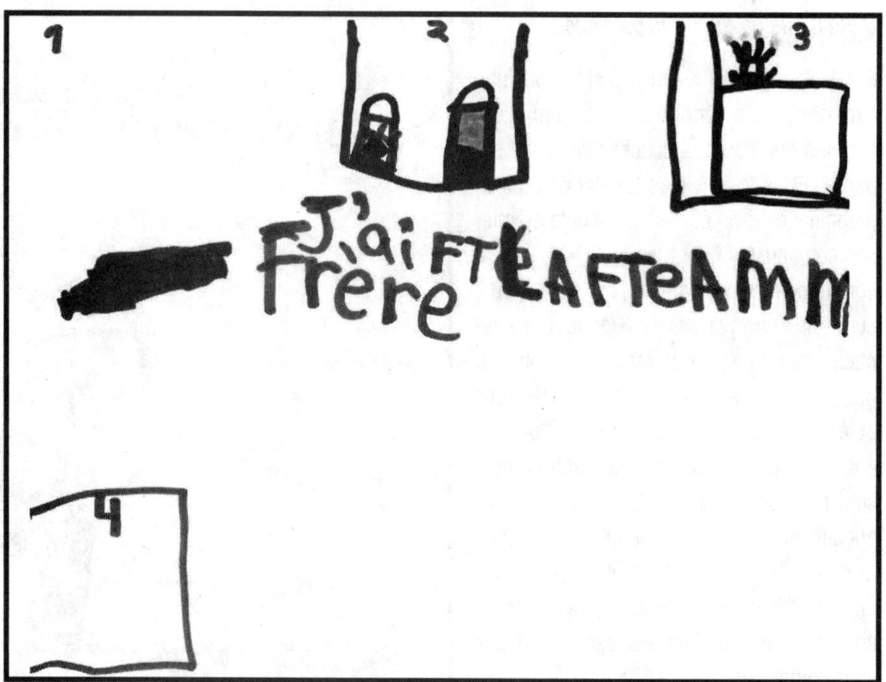

Elsa (1 novembre 2001)
J'ai eu de la peine.

Quelle amélioration ! Elle connaît de nombreux mots et écoute bien les sons des mots qu'elle tente d'écrire. Elle sait même chercher dans des outils de référence : le mot « peine » est un mot faisant partie de sa boîte personnelle. Elle s'est levée et est allée chercher le mot pour l'écrire. Il reste à faire les espaces : son travail, et celui de nombreux élèves (voir Kim un peu plus loin), nous indique qu'il est temps d'aborder ce sujet avec eux.

Charles (9 octobre 2001)
Grégory est venu coucher chez moi.

Charles sépare tôt ses mots grâce à ses expériences avec l'écrit, aux nombreuses histoires lues à la maison et en classe, et à son caractère analytique. Qu'il était fascinant d'observer Charles et son copain Grégory dans leurs discussions sur l'écrit. Du vrai travail de linguistes !

Océanne (4 septembre 2001)

Océanne (2 octobre 2001)
J'ai vu Jesse V. à la piscine.

Quel progrès ! Océanne connaît de nombreux mots, fait des espaces entre eux et a une belle calligraphie. Elle écrit maintenant sur des feuilles lignées.

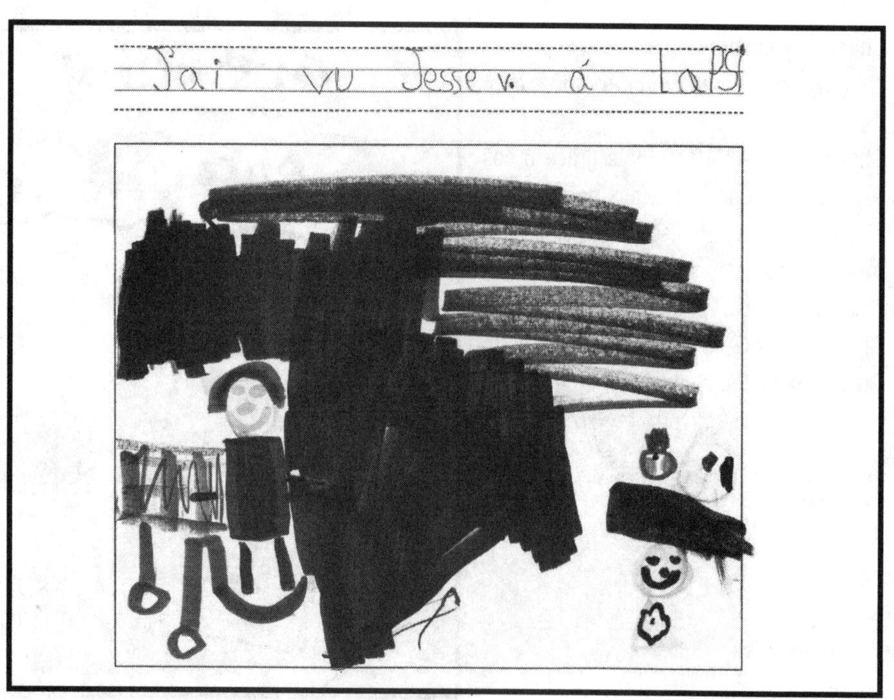

René-Antonio (date inconnue)

C'est la récréation.
Je me dépêche.
J'étais dans la porte quand tout à coup !

Aouch !!! Maxime ferme la porte.
Aouch !!!
— C'est un accident, René.
— Ça ne fait rien, Maxime.

C'est La récréation.
Je me depaiche.
depaiche
dépêche
daipeche

J'étais dans La Porte
quandtout à coup!

René Antonio montre ici une écriture régulière et des stratégies avancées de correction. En lisant ce texte, on entend sa voix et on perçoit son âme. Sa gentillesse est clairement exprimée par les mots : Ça ne fait rien, Maxime.
Les tentatives pour trouver l'orthographe exacte sont de lui, et vous pouvez lire aussi que je lui ai enseigné l'utilisation de tirets pour les dialogues. Dire qu'il ne voulait pas écrire en début d'année, qu'il en pleurait en disant qu'il ne savait pas comment. Ce texte est né d'un véritable accident survenu juste avant une période d'écriture.

Aouch!!! Maxime ferme La Pate.
AOUch!!!

C'est un axidan?
René Ça me
fait rien Maxime,

— C'est un accident, René.
— Ça ne fait rien, Maxime.

Kim (26 septembre 2001)
J'ai invité Alexandra et on a joué avec Toupet Bleu.

Elle écrit tous les sons entendus. Elle connaît maintenant de nombreux mots, mais ne les sépare pas encore. Elle a beaucoup de plaisir à écrire.

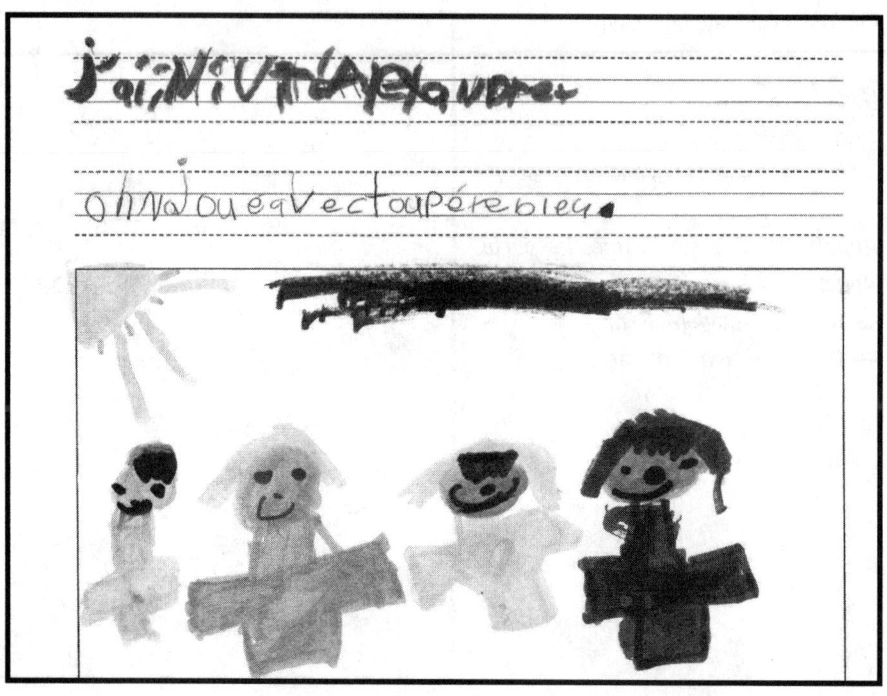

Les implications pratiques de la connaissance et de la reconnaissance des aspects développementaux de l'orthographe et de l'écriture sont multiples :

1. L'orthographe doit être évaluée de façon analytique et non seulement sous l'angle de la justesse. On peut apprécier comme parents et enseignants la croissance des connaissances vers une maîtrise des compétences. Il faudra changer nos regards et considérer les erreurs, tel que l'écrivait Brian Cambourne, comme des approximations. Ce mot est en soi beaucoup plus juste.

2. L'orthographe est analysée sous l'angle des stratégies d'enfants. On peut mieux découvrir ce qu'ils savent, et prendre des décisions d'enseignement plus éclairées (ça ressemble à la lecture, non ?).

3. Le regard de l'enseignante sur l'orthographe devient celui d'une professionnelle informée plutôt que celui d'une correctrice d'examen. Évaluer l'orthographe exige de l'enseignante des connaissances linguistiques, des connaissances des étapes de développement en orthographe, une connaissance des diverses personnes qui peuplent une classe et une connaissance des stratégies d'épellation. De là découlent des décisions d'enseignement.

4. La notion voulant que seule la mémoire soit essentielle à une bonne orthographe est dépassée. Les enfants doivent *construire* leurs connaissances de la langue, en mettant en place un échafaudage mental qui permet d'assimiler les conventions et, éventuellement, d'écrire sans fautes les mots inconnus. Les élèves doivent donc lire beaucoup.

Ces implications ne valent pas que pour la première année. La compréhension de l'orthographe, comme tout, est évolutive et ne dépend pas seulement de l'effort et de la concentration fournis par les élèves, mais aussi de la qualité de leurs interactions avec l'écriture et la lecture. Si on ne fait que constater qu'un élève fait des fautes, si on ne fait que lui dire de mieux apprendre ou de mieux se corriger, notre rôle dans sa croissance est presque nul. Pour reprendre un exemple précédent, dire à un joueur de tennis qu'il se trompe et de travailler plus fort ne change sûrement pas de façon importante la qualité de son jeu. Nous devons, à tous les niveaux, analyser les erreurs et enseigner en fonction de nos observations. Agir autrement est presque irresponsable, compte tenu des connaissances actuelles. Il doit y avoir, comme en lecture, de l'enseignement direct sur des difficultés observées. Certains ont des difficultés avec la ponctuation, les lettres muettes, les accords, le vocabulaire ou certains sons ; certains n'intègrent pas les mots rencontrés en lecture ou pratiqués, se corrigent peu, maîtrisent mal les étapes de correction, écrivent avec peu de profondeur et d'intérêt, trouvent difficilement des sujets… Les difficultés sont nombreuses et variées. Elles exigent un enseignant éclairé qui se questionne, écrit (l'écrirai-je jamais assez ?), connaît les processus utilisés et aime la lecture.

Il faut donc dès la maternelle (et même plus tôt) permettre aux enfants d'écrire dans les mêmes conditions que celles qui ont entouré l'apprentissage du langage oral, et ainsi faire en sorte qu'ils deviennent actifs. Il ne faut pas, comme c'est encore trop souvent le cas aujourd'hui, les considérer comme des urnes vides que l'on remplit avec notre savoir. Un enfant qui s'interroge sur la langue apprend mieux et plus vite qu'un l'élève passif et indifférent.

Il faut cibler ce que l'on enseigne en fonction des connaissances de l'écriture observées chez les enfants et des compétences visées à long terme.

Ils doivent lire beaucoup de livres de qualité et baigner dans un environnement de savoir, dont les enseignants sont partie prenante. Il faut finalement considérer leurs idées avec respect. Il est dommage que beaucoup d'enfants apprennent à l'école qu'ils n'ont rien à dire, sauf si on le leur demande. Dans la plupart des cas, si on ne leur impose pas un sujet d'écriture, ils n'écrivent pas.

Il faut expliquer tout cela aux parents en leur rappelant comment ils ont enseigné à parler à leurs enfants, et en leur montrant de nombreux exemples d'évolution d'écriture de certains élèves. La plupart comprennent le bien-fondé de cette démarche : eux aussi *célèbrent* le travail de leur enfant et son évolution.

Lorsqu'on observe des adultes qui enseignent à leurs enfants, on s'aperçoit que les adultes assument entièrement la responsabilité de l'objet d'apprentissage pour graduellement transférer cette responsabilité à l'apprenant. Il doit en être de même pour l'écriture.

Les trois formes d'écriture qui suivent mettent en place des structures qui permettent d'individualiser les interventions et de respecter les différents niveaux d'écriture des élèves.

Voici donc trois formes de partage de ma responsabilité dans l'acte d'écrire, qui doivent cœxister dès les premiers jours, même à la maternelle : l'écriture partagée, l'écriture interactive et l'écriture indépendante, appelée atelier d'écriture.

Un avertissement : pour les besoins de la discussion, je peindrai un tableau parfois très noir, parfois très blanc. Je suis conscient qu'il y a une zone grise où se situent les enseignantes.

Écriture partagée

Ici, j'assume le rôle de scribe pour noter les idées des enfants. Je suis celui qui utilise le crayon. Les enfants sont près de moi et j'écris sur du papier conférence en grandes lettres visibles par tous. Les enfants émettent des idées et en discutent avec moi. J'écris ces idées et j'explique certains aspects de cette écriture.

Plusieurs enfants ne savent pas comment appliquer leur connaissance des lettres et des sons à l'acte de l'écriture. Je dois donc attirer leur attention sur l'information à utiliser et sur la façon de faire.

J'ai écrit avec eux des lettres d'invitation, des questions de sondage, des remerciements, des histoires, une liste d'épicerie, des recettes, des descriptions d'élèves, un court texte sur une visite, etc.

Ce texte est affiché quelques jours pour être relu plusieurs fois en classe avant d'être donné à un élève ou envoyé aux parents. En écrivant le texte ou en le relisant, je peux faire remarquer et encercler certains sons, certaines lettres.

Écriture interactive

Cette forme d'écriture pousse les enfants un peu plus loin, car je partage alors le crayon avec eux, donc la responsabilité de l'acte d'écrire. Je n'assume plus seul la rédaction. Les enfants sont près de moi, donc près de tout.

Ensemble, nous composons le texte et nous partageons le crayon : les enfants écrivent des lettres, des phonèmes, des parties de mots ou des mots entiers, et moi aussi. J'écris et j'invite les enfants à y intégrer ce qu'ils savent ou à appliquer des nouvelles notions. Ce processus peut prendre plusieurs jours et c'est tant mieux, car de cette façon, je montre aux enfants l'importance de se relire avant de continuer à écrire. Je ne me passerais plus de cette forme d'écriture, grâce à laquelle les enfants apprennent beaucoup sur le processus et la mécanique de l'écriture. On peut faire venir les enfants au tableau pendant la composition ou écrire en laissant des espaces à remplir une fois la phrase terminée.

Les enfants apprennent :

- à composer une histoire ;
- à former des lettres ;
- à entendre les sons dans les mots et à construire des mots en utilisant différentes stratégies ;
- à utiliser des phonèmes ;
- à utiliser et à comprendre la ponctuation ;
- à respecter des normes d'écriture concernant tous les aspects de la langue ;
- à mettre des espaces entre les mots ;
- à écrire pour les yeux ;
- à tenir compte du sens, à utiliser les références ;
- à relire, à réviser et à corriger un texte ;
- à relire le texte pour travailler le vocabulaire.

Ils peuvent appliquer à leur propre écriture ce qu'ils apprennent lors de ces séances. Les enfants n'ont pas l'impression de recevoir une leçon, mais d'écrire pour le plaisir. Comment ? La réécriture d'une histoire préférée, la description d'une visite, une observation scientifique, un sondage, de l'étiquetage, un message, une lettre, un texte accompagnant un visuel de classe, des bulles de dialogue... Bref, tout ce qui s'écrit. Une fois le principe compris, on peut l'appliquer à de nombreuses situations qui dépassent l'apprentissage spécifique de la langue. Je l'utilise en mathématiques, en sciences, en arts. C'est une occasion de montrer aux élèves comment améliorer leurs connaissances et leurs stratégies, de pratiquer celles-ci avec moi ou simplement de pratiquer ce qu'ils savent déjà.

Par exemple, on peut faire la réécriture d'une histoire préférée. On écrit quelques phrases chaque jour, relisant le texte de la journée précédente avant de poursuivre. Une fois le texte terminé, on en donne une ou deux phrases à chaque élève, qui l'illustre. On monte ensuite le tout pour faire un grand livre de classe. On peut même reproduire le texte en petit pour le donner à tous. Cadeau !

Dominique Jolin, auteure et illustratrice de la série Toupie, entre autres, avait fait parvenir aux enfants les dessins de son prochain livre, sans texte ni ordre. Elle leur demandait de construire une histoire et de la lui envoyer. Elle retournerait la vraie histoire une fois publiée. Quelques lettres ont suivi. En voici une. Vous remarquerez que mon écriture se mêle à celle des enfants, que j'annonce parfois les lettres d'un mot par des lignes et qu'il y a les marques visuelles d'un mot (s, lettres muettes) abordées dans la construction du texte. Le texte décoré a été envoyé à Dominique.

15 décembre 1999

Joyeux Noel Dominique!

On aime tes Livres.

Quand viendras-Tu

à l'école? On a

hâte de te voir!

Tes pages couvertures. Sont

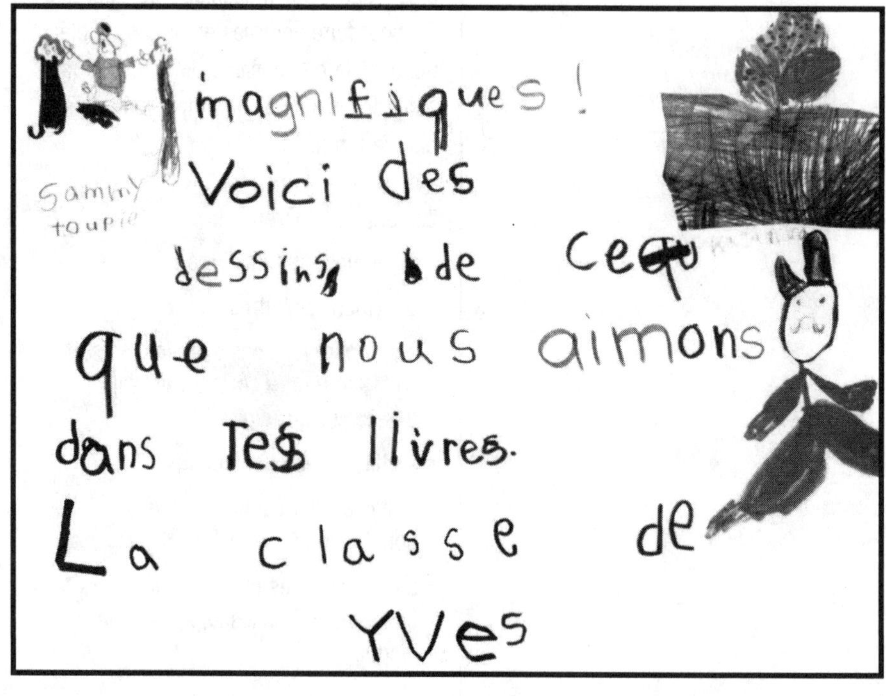

magnifiques!

Voici des

dessins de ce

que nous aimons

dans tes livres.

La classe de

Yves

Ici, nous avons écrit le texte d'après les illustrations de Mercer Mayer, tirées du livre sans texte *Oops*, tellement drôle. Nous avons abordé ici le tiret pour indiquer un dialogue, le point d'exclamation, le point d'interrogation et les différentes façons d'écrire le son È. Une fois le texte terminé, chaque élève en a reçu un exemplaire. Une grande joie pour eux.

Un retour collectif sur notre visite du poste des pompiers. Ensemble, nous avons mis le texte en ordre et l'avons relu pour le remanier. Le texte final a été envoyé aux parents.

Notre visite aux pompiers

On a aimé ça. C'était drôle quand Sylvain a klaxonné! On a embarqué dans le camion de pompier. On a aimé voir Michel s'habiller vite.

Tout cela a un air simple dont il faut se méfier. J'ai des décisions importantes à prendre avant d'écrire et pendant que j'écris avec les élèves. Je dois choisir des exemples clairs, graduer les difficultés des concepts, des phrases et des sons, appuyer mon enseignement sur ma connaissance des points forts et des besoins des enfants, bien choisir les enfants qui partageront le crayon avec moi, ne pas essayer d'enseigner trop ou de faire en sorte que les enfants écrivent tout, décider de travailler en petits groupes ou avec toute la classe, et prendre autant de temps à composer qu'à construire le texte.

En somme, il faut se souvenir que nous enseignons à un groupe et non à quelques individus, choisir des points qui seront possiblement réinvestis par les enfant dans leurs écrits et, par-dessus tout, savoir pourquoi nous faisons ce que nous faisons et le motif de nos décisions. Le but de l'écriture interactive est d'amener les enfants à avoir une écriture fluide et indépendante avec un plein contrôle des conventions de construction d'un texte : phrase, paragraphes, texte entier, orthographe et ponctuation.

Une façon d'écrire qui ressemble à nos mains jointes pour traverser une rue, non ?

Tableau 3.2

Questions et commentaires pour aider à écrire des mots

Pendant l'écriture

Pour analyser les sons :

- Scandez les syllabes entendues en tapant dans les mains.
- Écoutez bien les parties du mot.
- Écoutez les sons au début du mot.
- Dites le mot lentement ; qu'entendez-vous en premier ?
- Écoutez la consonne au début, au milieu, à la fin.
- Écoutez la fin du mot.
- Dites le mot lentement ; combien de sons entendez-vous ?
- Écrivez le premier son que vous entendez, le deuxième, le dernier.

Pour analyser les aspects visuels :

- Le mot semble-t-il correct ?
- Qu'est-ce qui aurait l'air bien ici ?
- C'est presque ça. Ajoutez la fin.
- C'est presque ça. Ajoutez une lettre pour que tout vous semble correct.
- Ce mot ressemble à…
- Pensez à ce que le mot a l'air à vos yeux.
- Pensez à un mot qui lui ressemble.
- Connaissez-vous un mot comme ça ?
  Connaissez-vous un mot qui commence (finit) comme lui ?
- Ça sonne comme ça, mais ça ne s'écrit pas comme ça.
- Il y a une lettre muette ensuite.
- Vous avez besoin d'une voyelle ensuite.

Pour se servir des références :

- Ce mot est sur le mur, qui le voit ?
- Où pourrait-on trouver ce mot ?
- Je pense qu'un copain a ce mot dans son dictionnaire.
- Qui connaît ce mot par cœur ?
- Il faudrait vérifier dans le dictionnaire.
- Qui a lu ce mot aujourd'hui ? Dans quel livre ?
- Dans quelle histoire avons-nous vu ce mot ?

Après l'écriture, une courte récapitulation (une ou deux minutes)

- Quels mots avons-nous écrits rapidement, sans y penser ?
- Trouvez un mot à deux sons, trois, quatre…
- Trouvez des mots qui ont plus de lettres que de sons.
- Quels mots commencent avec des consonnes doubles, avec une voyelle ?
- Trouvez un mot à deux syllabes, trois, quatre…
- Quels mots ont des lettres muettes ?
- Y a-t-il des mots avec des suffixes, des préfixes, des mots incorporés ?
- Trouvez un mot auquel on peut enlever une partie.
- Quels mots s'écrivent exactement comme ils s'entendent ?
- Quels mots avez-vous de la difficulté à écrire ? Qu'allez-vous vous rappeler à propos de ces mots ?
- Quel mot nouveau avez-vous appris à écrire aujourd'hui ?

Atelier d'écriture

L'atelier d'écriture est le point culminant de tout l'enseignement de l'écriture, celui qui cherche à donner une voix aux enfants, à les traiter comme les adultes qui écrivent[7], et où ils cherchent à appliquer toutes les stratégies et les connaissances enseignées.

Un regard sur notre manière d'écrire et sur l'écriture des écrivains ou journalistes nous permet de conclure :

- que leurs idées viennent d'eux, de leur vie, de leurs observations, souvenirs, réflexions ou lectures, et de l'impératif interne de dire ;
- que la correction est continuelle, allant des automatismes à la vérification ;
- que de nombreux écrits sont publiés et ont de nombreux lecteurs (même un journal intime s'adresse à un lecteur privilégié, une lettre à un destinataire, etc.) ;
- que le style, le genre et la longueur sont la plupart du temps définis par la personne qui écrit ;
- que chacun a des outils privilégiés : papier, crayon, ordinateur ;
- que plusieurs ont des lieux privilégiés pour écrire ;
- que le brouillon est exigé par le fait que l'on veut bien dire ce que l'on a à dire ;
- que l'on fait lire en cours de route et à la fin, pour obtenir la réaction et les commentaires de lecteurs privilégiés ;
- que « [...] le plan répond surtout à la peur de perdre, d'omettre quelque chose qui est là, vivant, mais qui peut disparaître très vite tant les idées foisonnent [...] » (Dire, lire, écrire, 1993). Conclusion : faire un plan lorsque c'est nécessaire.

Devant ces constats, beaucoup ont innové et proposé que les enfants soient considérés comme de vrais auteurs. S'appuyant sur leur connaissance du développement en orthographe, certaines enseignantes se proposèrent donc de faire rédiger les enfants dès les premiers jours de maternelle et en première année. Célestin Freneit, Donald Graves, Lucy Calkins, Mary Ellen Giacobbe et d'autres ont pavé la voie pour que de nombreux enseignants tentent l'expérience. Je ne doute plus que nous devons traiter les enfants comme des êtres intelligents, capables de grandes idées et, lorsqu'épaulés par un enseignant compétent, capables de grandes découvertes et de riches apprentissages. Ils doivent être actifs dans l'acquisition de l'écriture. Et être actif ne veut pas dire copier dans des cases vides, copier des phrases dans un cahier, écrire sur les idées des autres, ou attendre de savoir écrire pour pouvoir rédiger. Notre expérience, et celles de nombreux autres, milite en faveur d'un changement important dans les pratiques actuelles de nos salles de classe.

Mes collègues enthousiastes de la maternelle renforcent mes convictions chaque jour, pour chaque enfant heureux d'écrire, heureux de s'améliorer, heureux d'écrire pour la seule vraie raison : l'importance de ce qu'il a à raconter.

[7] On pourrait facilement écrire les droits imprescriptibles d'un scripteur, comme ceux proposés pour les lecteurs par Daniel Pennac.

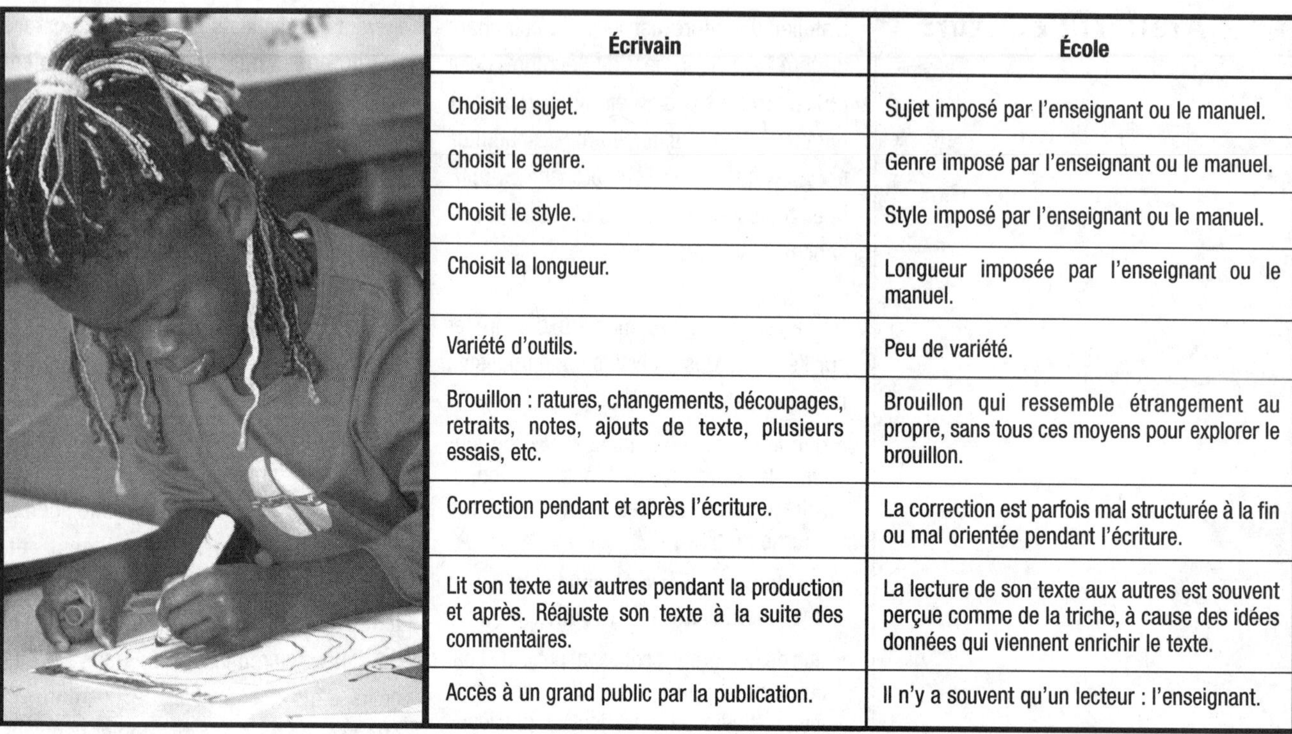

Écrivain	École
Choisit le sujet.	Sujet imposé par l'enseignant ou le manuel.
Choisit le genre.	Genre imposé par l'enseignant ou le manuel.
Choisit le style.	Style imposé par l'enseignant ou le manuel.
Choisit la longueur.	Longueur imposée par l'enseignant ou le manuel.
Variété d'outils.	Peu de variété.
Brouillon : ratures, changements, découpages, retraits, notes, ajouts de texte, plusieurs essais, etc.	Brouillon qui ressemble étrangement au propre, sans tous ces moyens pour explorer le brouillon.
Correction pendant et après l'écriture.	La correction est parfois mal structurée à la fin ou mal orientée pendant l'écriture.
Lit son texte aux autres pendant la production et après. Réajuste son texte à la suite des commentaires.	La lecture de son texte aux autres est souvent perçue comme de la triche, à cause des idées données qui viennent enrichir le texte.
Accès à un grand public par la publication.	Il n'y a souvent qu'un lecteur : l'enseignant.

Réaliser tout cela avec de jeunes élèves demande de la patience : acceptons que tout ne se fera pas les premiers jours, bâtissons tranquillement et efficacement leurs connaissances de l'écriture et sachons où nous voulons nous rendre. Déjà, nous avons vu comment l'écriture interactive et l'écriture partagée pouvaient s'articuler. Décortiquons un atelier d'écriture, pour finir ensuite par l'étude formelle de mots avec les enfants.

De septembre à janvier

(Durée approximative : tout dépend de l'expérience d'écriture antérieure des enfants.)

L'atelier d'écriture comporte trois éléments essentiels : la leçon, la rédaction et le partage. Mes objectifs pendant ces premiers mois sont d'améliorer l'aisance du geste, la substance des écrits et la connaissance de la langue. On apprendra entre autres que pour se dépanner, *on écrit pour les oreilles* pour en arriver *à écrire pour les yeux*. Je veux aussi que les enfants expérimentent leur voix, leur façon unique de dire les choses.

Comme il est plus facile, en début d'année, de dessiner avant d'écrire, j'encourage les enfants à dessiner. Relisez la description de ma période d'écriture de la première journée : je leur montre comment procéder. De toute façon, les enfants de cet âge dessinent spontanément avant d'écrire, je ne peux aller contre cet instinct.

Je veux me libérer au plus vite de toute la gestion technique et disciplinaire pour enseigner et intervenir dans l'acte d'écrire. C'est donc sur ces aspects que j'interviendrai d'abord. Dès les premiers jours, j'indiquerai aux enfants où prendre les feuilles, où remettre les crayons, comment estamper la date, où écrire leur nom, où s'installer, comment chuchoter pour ne pas déranger, et comment écrire un mot inconnu.

Les leçons

Je prends beaucoup de temps en début d'année pour bien montrer aux enfants comment se conduire durant la période et ce qu'on peut faire. Voici où sont les feuilles, comment les placer, où déposer les crayons, comment remettre les feutres à leur place, où et quand estamper la date sur la feuille (je mets à la disposition des enfants des estampes pour les dates, c'est plus rapide et ils y pensent plus facilement puisqu'ils veulent estamper), comment écrire quand on ne sait pas comment, les relations entre les lettres, leurs combinaisons et les sons qu'elles représentent, des notions simples de ponctuation et de style.

Moi : Bon, aujourd'hui, nous allons voir comment écrire un mot qu'on ne connaît pas. Disons qu'on veut écrire *caramel*. Qui veut essayer ?

Marc : Moi !

Moi : Viens, prends un feutre et écris-le.

Il écrit MRP.

Moi : Bien Marc, tu as utilisé des lettres, M, R et P. Es-tu capable de te relire ?

Marc : Bien oui. C'est écrit caramel.

Moi : Parfait, qui d'autre ?

Stéphanie : Moi.

Elle écrit karaml.

Moi : Superbe, Stéphanie, tu as réussi à écrire plusieurs lettres avec plusieurs sons. Es-tu capable de te relire ?

Stéphanie : Oui, j'ai écrit caramel.

Moi : Relis-le en suivant les sons avec ton doigt. Peux-tu reconnaître les sons que tu entends ?

Moi : Parfait, les copains. Nous avons écrit *caramel* de nombreuses façons. Toutes vos façons d'écrire sont temporaires et vous permettent de mettre vos idées sur papier et de vous relire. Quand on ne sait pas encore écrire un mot, on l'écrit comme on pense, du mieux qu'on peut. Pas n'importe comment, non. Du mieux qu'on peut en réfléchissant aux lettres qui forment le mot et en tentant d'en écrire le plus possible. Sinon, on n'écrirait rien. Voici comment écrire caramel.

J'écris caramel.

Plus tard, au fur et à mesure que l'année avance, vous aussi, vous écrirez *caramel* comme ça. Et plein d'autres mots comme les adultes le font. Mais en attendant, puisqu'on commence à apprendre comment, écrivez les mots au mieux de vos connaissances. Et essayez de faire comme Stéphanie : écoutez bien les sons des mots que vous tentez d'écrire.

Nombreuses seront les fois où je ferai ce type d'intervention, en raffinant à mesure que les connaissances du groupe augmentent. N'oubliez pas que les enfants écrivent aussi en écriture partagée et en écriture interactive, qu'ils participent à des activités sur les lettres et les sons, qu'ils font leurs tâches le matin, qu'ils lisent... Bref, qu'ils apprennent à tous les moments de la journée. Ils appliquent ici les connaissances apprises à d'autres moments.

Au début, mes leçons sont naturellement orientées vers la connaissance de plus en plus grande de la langue, en même temps que je cherche à augmenter leurs compétences en ce qui a trait au contenu et à la profondeur. Par exemple :

- Comment étirer un mot.
- Comment bien relire pour évaluer la qualité du mot écrit.
- Les différents sons, les différentes lettres, les différentes représentations.
- La ponctuation : les différentes sortes de points, la majuscule.
- L'utilisation des minuscules plutôt que des majuscules.
- Les espaces entre les mots.
- La calligraphie, suivre les lignes.
- Comment choisir un sujet.
- L'ordre de la chemise d'écriture.
- Quoi faire lorsqu'une feuille est terminée.
- Se relire en suivant du doigt pour bien reconnaître ce qu'on a écrit.
- Comment et quand se servir de nos ressources de classe.
- Quand effacer ou ne pas effacer.
- Pourquoi écrire d'un seul côté de la feuille.
- Comment écrire pour les yeux et non seulement pour les oreilles.
- Le s pour marquer le pluriel.
- Mettre la date sur tout ce qu'on écrit.
- Des mots utiles à mettre au mur.
- La qualité des commentaires et les questions lors d'une écoute.
- Comment insérer une information grâce à une étoile, à un collage.
- Comment couper une partie utile et la recoller ailleurs.
- Tout ce qui est relatif au brouillon et au travail sur le texte.

Plus tard, quand les enfants maîtriseront mieux les éléments de base et seront plus avancés, des leçons porteront sur ce qui suit :

- Comment mieux dire ce qu'on tente d'écrire.
- Ce que la littérature nous apprend sur l'écriture.
- Comment se servir de beaux mots et de belles phrases.
- Emprunts littéraires.
- Comment faire de la poésie.
- Conventions de certains genres.
- Verbes, noms, adjectifs.
- Rythme des mots et beauté de ce rythme.
- Écrire comme un auteur particulier.
- De meilleurs essais pour l'orthographe.
- Comment mieux se corriger.
- Procédures de correction.
- Synonymes.
- Rimes.
- Ponctuation (, . : ! ? «)
- Utilisation de virgules dans une liste.
- Utilisation de l'apostrophe.
- Influences de l'oral à éviter dans l'écrit («i» au lieu de «il», «a» au lieu de «elle», etc.).
- Propreté, lisibilité.
- Tranquillité de la période.
- Cuisine : où mettre les feuilles, crayons ; entretien, responsabilités.
- Ordre dans la chemise.
- Etc.

Ce n'est pas parce qu'on a fait une leçon sur un sujet qu'on n'en parle plus. Au contraire. Certaines leçons devront s'étaler sur quelques jours, d'autres devront être répétées régulièrement sous des formes différentes, et d'autres, reprises individuellement ou en petits groupes.

Les leçons doivent être ciblées et claires. J'ai vraiment appris comment bien mener une leçon en observant un maître, Sharon Taberski, du Manhattan New School. Elle voulait parler d'énumération dans certains textes où le « et » était utilisé au lieu de la virgule. Sharon avait choisi le texte d'un élève pour illustrer la leçon et en avait fait une copie sur un transparent. Entourée de ses élèves près du projecteur, elle avait bien expliqué ce qu'ils allaient voir, avait montré sur le transparent l'erreur et avait corrigé avec eux le texte de l'élève. Ensuite, elle avait utilisé un poème dans un grand livre sur les papillons et l'avait réécrit avec ses élèves sous forme de liste. Avant que les élèves ne se mettent au travail, elle leur avait rappelé ce qu'ils venaient d'apprendre et quand mettre cette leçon à profit. Je me suis alors assis à côté d'un élève et lui ai demandé de me lire ce qu'il avait écrit.

Quel ne fut pas mon bonheur de voir, en me lisant son énumération des sortes de requins, qu'il appliquait la leçon de Sharon et qu'il se corrigeait consciencieusement ! Cette leçon nous permet de faire ressortir les points suivants :

1. Toujours bien expliquer ce que nous allons enseigner. Une leçon n'est pas une discussion, mais des explications d'un expert qui transmet son expertise aux élèves afin qu'ils s'améliorent.

2. Quand on travaille avec un transparent, faire en sorte que les enfants soient près de nous, pas à leur pupitre. Ma collègue de troisième année, Manon Aubert, me faisait remarquer lors d'une discussion sur les leçons combien celles-ci portent mieux quand les enfants entourent l'enseignante. Au début, les enfants voudront faire des ombres sur l'écran, mais l'habitude régulière du projecteur fera disparaître ces jeux de lumière.

3. Planifier le plus possible l'enseignement de la leçon et le suivi. L'enseignement sera direct et explicite.

4. Les leçons sont le fruit de nos observations professionnelles. Elles ont l'écriture des enfants comme point de départ. Mais, et c'est un grand mais, comme les enfants lisent mieux qu'ils n'écrivent, les leçons sont aussi le fruit de notre habileté à anticiper les problèmes. Nous devons aussi enseigner ce que nous savons essentiel pour les semaines à venir. Nous savons ce que les enfants demanderont : nul besoin d'attendre qu'un problème surgisse pour s'y attaquer. Quand je planifie une randonnée à bicyclette, je me prépare aussi pour les éventualités. Je n'attendrai pas qu'il pleuve pour prendre un imper-

méable ! Il en est de même dans l'enseignement de l'écriture.

5. Les leçons en grand groupe ciblent des notions dont la plupart des enfants ont besoin. Certaines notions devront être étudiées individuellement ou en petits groupes. Inutile de déranger toute la classe pour combler une lacune de quatre élèves. Une rencontre avec les quatre sera plus efficace.

6. Seul l'enseignant peut déterminer les besoins de ses élèves. Aucun cahier, aucune méthode ne peut analyser et observer un groupe et des élèves. Seul un enseignant peut prendre ces décisions importantes. Il faut donc avoir une très bonne idée des buts que nous visons pour les enfants.

Un mot sur la calligraphie. Il faudrait entreprendre l'écriture et la calligraphie dès la maternelle. On peut le faire dans des bacs de sel sur feuille noire, pratiquer le mouvement dans les airs, avec des feutres, au tableau, etc. Il est important que le mouvement pour former les lettres soit fluide, sinon le travail exigé pour la formation des lettres et l'expression des idées est, pour certains enfants, excessivement difficile. Ne pas faire que de la calligraphie, mais en faire périodiquement, en parallèle avec l'écriture. Comme bien des enseignants, je fais ces exercices avec mes élèves, des pratiques en classe et à la maison. Mais le fait d'écrire régulièrement pour de vraies raisons justifie pour eux ces exercices : la calligraphie et l'ordre améliorent les travaux d'écriture. C'est comme ça. Peut-être parce que nous démontrons de cette façon l'importance que nous, les adultes, accordons à l'écriture.

La rédaction

Après la leçon, comme pour la lecture, je distribue les chemises d'écriture quatre à la fois, m'assurant de cette façon que tous ont un endroit calme pour travailler. Avant la distribution, j'en profite pour examiner l'ordre de deux chemises choisies au hasard. Je félicite ou je range au besoin. Ainsi, les élèves savent l'importance accordée à la propreté de la chemise.

Une fois à leur place, les enfants poursuivent ou entreprennent un nouveau projet d'écriture. En début d'année, pour quelques mois, les projets seront journaliers, étant pour la plupart des anecdotes de leur vie : au parc en famille, au jeu avec des copains, une visite chez maman, une blessure passée, un souvenir précis, un événement à l'école. On s'en tient à une ou deux phrases simples. Ils doivent quand même trouver un sujet et les mots pour en parler.

Mon travail au début consiste à accompagner les enfants, à développer leur capacité de trouver un sujet d'écriture[8]. J'irai d'un enfant à l'autre, discutant avec chacun. Ces discussions feront en sorte que les enfants parleront du sujet choisi, se

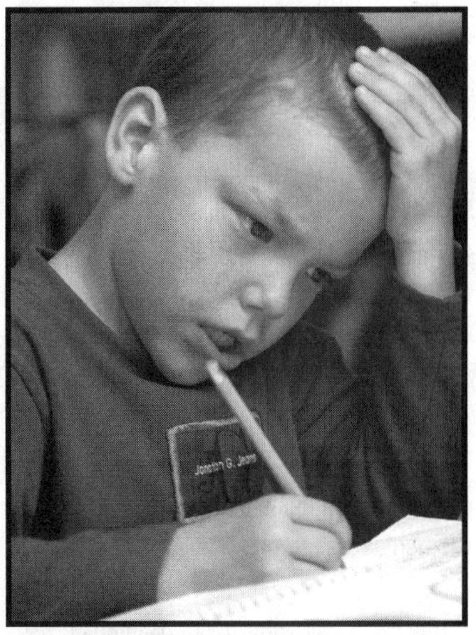

poseront des questions ou s'en feront poser. En d'autres mots, je ferai revenir à la surface de nombreux détails que l'élève pourra utiliser. Ces discussions devraient être courtes, ciblées et surtout dirigées par l'enfant. Je dois ici faire attention à ne pas voler la voix de certains enfants en disant trop ce qu'il faut faire : des questions ou des remarques judicieuses sont beaucoup plus importantes à ce stade que le résultat final. Je n'oublie jamais que le temps fera son œuvre.

Au début, les enfants dessineront pour ensuite écrire sur le dessin. Petit à petit, cela changera. Les enfants auront de moins en moins besoin de dessiner pour exprimer leurs idées. Les feuilles blanches feront place aux feuilles avec des lignes et le contenu deviendra de plus en plus personnel et riche. Pour autant que j'y accorde de l'attention et des leçons judicieuses.

[8] Ce problème est rare à cet âge ; il survient plus tard, quand les enfants n'ont pas l'habitude de choisir un sujet ou lorsque la maturité suscite des questions pertinentes à propos du contenu.

Pendant qu'ils écrivent, j'aide les enfants à mettre en place des stratégies qui leur permettront d'écrire de mieux en mieux ce qu'ils veulent dire. Jamais, au début du moins, je ne dirai comment écrire un mot : le danger est trop grand que certains n'utilisent que des mots connus ou se mettent à me demander comment écrire chaque mot. Je ne pourrais enseigner dans ces conditions. La solution est de tenir compte de ce que je sais à propos de l'orthographe : les enfants en sont à bâtir un échafaudage dont je dois fournir les éléments.

Comme ils écrivent avec assurance et autonomie, je peux prendre ce temps pour interagir avec certains enfants plus à fond, prendre un petit groupe pour du travail explicite et intensif, observer le groupe ou des élèves sans être dérangé, réfléchir à ce dont les enfants ont besoin pour améliorer leur écriture.

Au cours des premiers mois, il y a peu de corrections. À cet âge, les enfants n'ont pas le réflexe de la correction : je l'ai écrit, donc c'est bon. Mes interventions implantent certains réflexes : ce mot est au mur, je pense qu'il est dans un bac du coin de lecture, va voir sur l'affiche du babillard... Mais pas trop. J'exerce mon jugement professionnel : selon chaque enfant, selon son autonomie, selon son évolution. Par exemple, un enfant qui ne met encore que des lettres sur sa feuille sans se référer aux sons a beaucoup plus besoin que je l'aide à mettre des sons sur sa feuille. Chaque enfant commande des interventions et des exigences particulières.

Je donnerai aussi aux enfants une chemise pour conserver leurs écrits ainsi que des références pour mieux écrire. Au début, un alphabet, et plus tard, des feuilles pour les titres, les mots à apprendre, les essais de certains mots et des étapes individuelles de correction à respecter. Nous verrons ces feuilles plus loin.

Le partage

Sauf exception, on finit toujours l'atelier d'écriture par un partage, ce qui est en soi une autre forme de discussion. Quelques enfants choisis liront au groupe un écrit, pas nécessairement achevé. Dans ma classe, il y a une chaise spéciale pour ces lecteurs privilégiés. Tous veulent lire à la fin, car c'est un honneur d'être choisi. Un élève lit, deux élèves sont choisis pour faire un commentaire ou poser une question. Ici, mon rôle est important. Je suis un modèle pour la qualité des commentaires et des questions. Avec le temps, les enfants poseront des questions qui ressemblent aux miennes.

Quelques mises en garde sont à faire ici. Je n'accepte jamais qu'un enfant dise qu'il aime ou n'aime pas. J'exige la précision. Pourquoi aimes-tu ? Qu'aimes-tu, au juste ? Pourquoi n'aimes-tu pas ? Ces précisions sont importantes : comment un enfant peut-il réutiliser ce qu'il fait bien ou

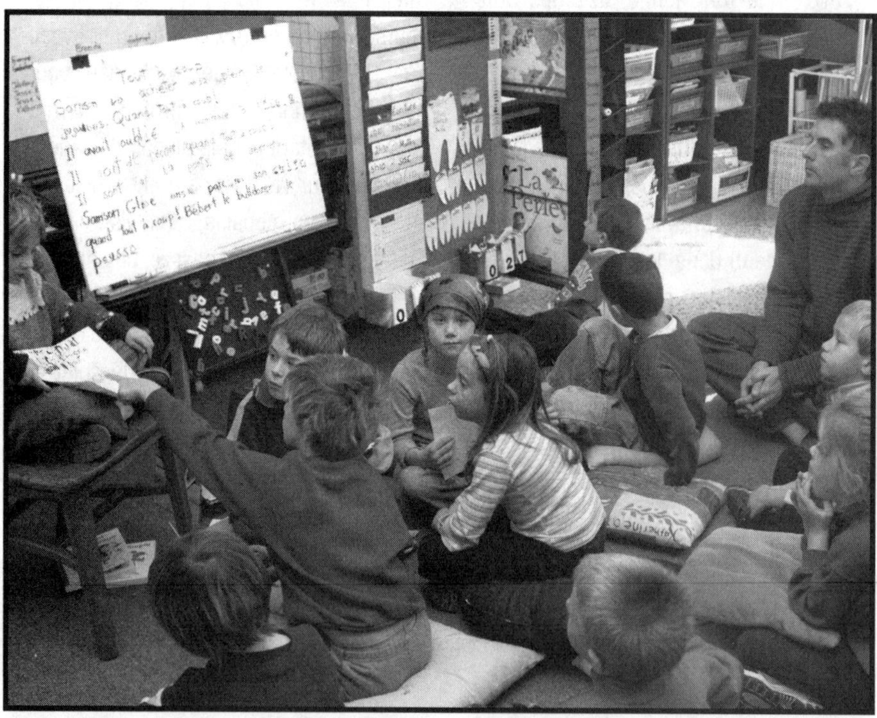

se corriger s'il n'a aucune idée de ce qu'il a fait ? Par exemple, un commentaire sur la longueur est souvent inacceptable. Ce n'est jamais la longueur qui fait défaut, et mettre l'accent là-dessus donne un drôle de signal aux enfants : c'est bon quand c'est long. Non. Si on trouve le texte trop court, c'est qu'il a un défaut. Est-il imprécis, trop vite dit, mal raconté, plein de trous narratifs ? Ces détails aident les enfants et donnent le signal clair qu'un texte est réussi quand il est intéressant, soit-il court ou long. Cette partie est tellement importante qu'elle devra faire l'objet de leçons pour éliminer ce que je jugerai être des problèmes de précision et de rapidité des commentaires. Certains enseignants trouvent parfois, à juste titre, que leurs élèves plafonnent lors de l'atelier. Ils me téléphonent, m'expriment leur désarroi. Après discussion, ils me disent ne pas avoir le temps pour le partage. Et c'est souvent là le problème. À cet âge, les élèves ne peuvent publier leurs textes trop courts, trop anecdotiques. Le partage joue le rôle d'une publication et fait en sorte qu'ils continuent à écrire pour obtenir la reconnaissance des autres. Le partage sert aussi à unir le groupe, un peu à l'image d'une lecture en groupe. On rit ensemble, on se questionne, on suit un texte dans ses différentes étapes. Les commentaires finiront par éveiller cette voix intérieure avec laquelle nous échangeons lorsque nous écrivons. Le partage facilite son éclosion. Le partage n'est donc pas qu'une activité «glaçage», une façon amusante de terminer l'atelier. Il en est une composante

importante où l'on peut enseigner et préciser de nombreuses attentes.

Voici un bel exemple d'un texte court magnifique :

À grands pas de loup dans le grand Nord

Émilie, 10 ans

Il fait froid. J'ai le souffle coupé. Cette beauté inouïe, quel paysage ! Face à face avec le loup, j'attends ce moment depuis très longtemps ! Depuis mon enfance. J'ai tant de choses à te dire, oh, cher loup...

J'étais au bord du lac glacé et le vent m'a soufflé :

« Éliana, Éliana. » Sans cesse, il répétait mon nom. Sans cesse. Oh, je m'en rappelle ! J'étais avec mon oncle. Je lui posais toutes sortes de questions :

— On va le voir, le loup ? N'est-ce pas qu'on va le voir ? Hein, mon oncle ? (Je devais être tellement fatigante.) Mais maintenant je te vois !!!

J'étais seule une nuit sans mon oncle cette fois, t'attendant, toi, le loup. Sous le souffle glacé du grand nord, je t'attendais. Pas de réponse de ta part, tout comme avec mon oncle la journée même.

Ça fait au moins 70 ans de ça ! Pourquoi n'es-tu venu qu'aujourd'hui ? Je ne suis plus qu'un vieux fantôme qui, dans les nuits glaciales, t'attend encore... toi, cher loup...

Dans les jours suivants, lorsque les élèves écriront, ils auront en eux les interrogations, les attentes du groupe et les précisions demandées. Ce partage augmentera la qualité de leurs écrits.

Ce que je viens d'expliquer n'est ni une recette ni une méthode. Chacun doit le personnaliser et l'adapter. Je me répète, je le sais, mais tout ceci n'est pas une recette : c'est le fruit de mon expérience, de mes lectures, de mes interactions avec l'écrit, de mes réflexions sur mon écriture et sur celle des enfants. J'ai la conviction que l'on doit abandonner les méthodes toutes faites qui ne respectent ni l'enseignant, ni la profession, ni les élèves. Par contre, nous avons trop peu de modèles, de livres qui enrichissent la vie professionnelle : ce sont ces livres que devraient publier les éditeurs scolaires.

Il peut être très utile d'observer ma classe et de faire comme moi, au début. Mais chacun devra personnaliser sa classe et ne pas perdre de vue que l'atelier d'écriture n'est pas une fin en soi. Il est une façon pratique de traiter les enfants comme des auteurs, comme des humains qui ont quelque chose à dire, et non comme des gens à qui on doit dire quoi écrire ou quels mots utiliser. On ne doit pas priver les enfants du vrai plaisir d'écrire et ne leur laisser que l'aspect physique de l'orthographe. Écrire est un

plaisir. Encore faut-il que ceux qui l'enseignent le sachent par expérience. Et s'ils ne le savent pas, ils doivent le découvrir au plus vite.

Les premiers mois seront donc prévisibles. Nous ferons de l'écriture chaque jour, en plus des séances régulières et collectives d'écriture interactive et d'écriture partagée. La compétence de plus en plus grande des enfants, leurs lectures fréquentes, les interactions avec des adultes et des experts feront en sorte que je pourrai être plus exigeant. Impossible ici de dicter une ligne de conduite uniforme pour tous. Chaque groupe est différent, chaque enseignant est différent. Il faut par contre savoir où l'on va et faire en sorte qu'on y arrive (oh, la grande phrase...).

De décembre à juin

Vient le temps où les enfants doivent poser un regard plus critique et plus mûr sur leur écriture. De nombreux signes annoncent ce moment : une orthographe de plus en plus conventionnelle, une lecture de plus en plus fluide et complexe, une facilité à repérer des mots, des commentaires nombreux sur la correction, une écriture plus longue et facile, des sujets plus approfondis, un groupe où les enfants ont atteint les étapes phonétique et transitoire.

Pour amener les enfants à écrire sur un même sujet pendant plusieurs jours, je

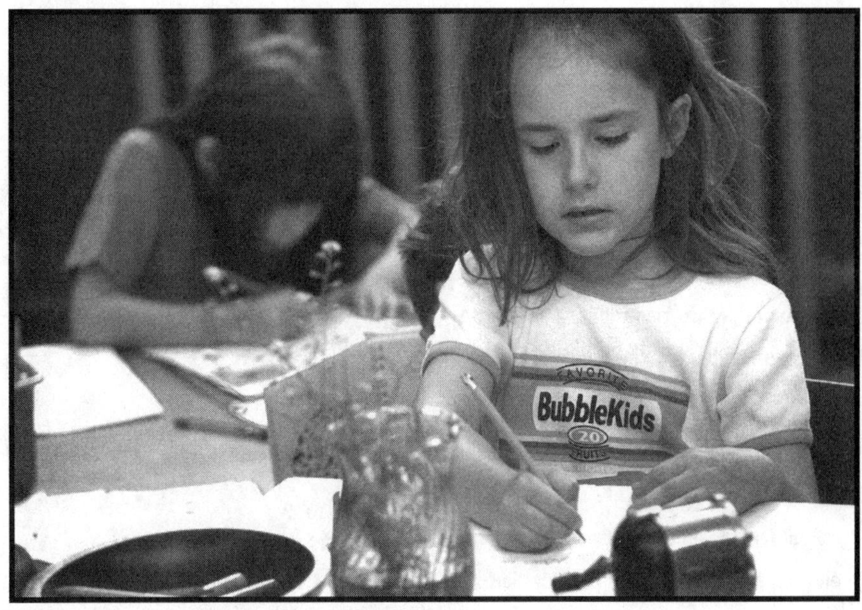

profite de rencontres individuelles pour faire le ménage complet de leur chemise et pour regrouper des feuilles qui traitent du même sujet. En relisant ces feuilles groupées, je m'interroge avec eux : y a-t-il matière à faire un livre ? Si oui, je regarde avec eux s'il y a des manques, des trous à combler. On complète le tout et je publie. Un premier livre. Lors de cette rencontre, j'insère de nouvelles feuilles pour la correction. À l'alphabet déjà existant, j'ajoute une feuille de mots usuels, une pour les mots à apprendre, une pour les essais, une pour les titres écrits et une dernière pour la procédure de correction (voir les annexes C-1 à C-5).

Comme les enfants sont plus mûrs, ce regard critique sur le contenu de leur chemise les oblige à examiner leurs choix d'écriture. Cette période de l'année est aussi riche à cause de l'influence de plus en plus évidente de la littérature. J'en profiterai, dans les mois qui viennent, pour étudier entre autres des auteurs et des sujets, pour regarder avec les enfants de belles et de meilleures façons de dire et d'écrire, et pour étudier des synonymes. Bref, la qualité de leur écriture prendra ici son envol : des textes plus longs, plus réfléchis, mieux écrits et de meilleure qualité.

J'ai volontairement omis de mettre le niveau d'écriture et de lecture des auteurs des textes qui suivent. Il y a des élèves de tous les niveaux : je serai le seul à savoir. Malgré cette omission, vous serez en mesure de voir la variété des sujets abordés par ces élèves. Ils ont toujours quelque chose à écrire.

Lecteur débutant et scripteur qui cherche encore sa voix, Alexandre a participé à une leçon de poésie portant sur les listes de mots sur un même sujet que les enfants adorent faire : les animaux, les sports que j'aime, les couleurs, etc. J'avais ressorti des poèmes qui traitaient de listes, mais qui coloraient de façon unique la voix de l'auteur. Voilà ce qu'en a fait Alexandre.

Les couleurs

Jaune, rouge et bleu
J'aime les ballons bleus !!!
Vert, violet et brun
J'aime les chevaux bruns.
Noir, blanc et gris
J'aime les éléphants gris.

Alexandre

Petit lecteur fluide et sûr de lui, Joseph écrit ici sur un sujet qu'il connaît bien, et qu'il trouve important de raconter aux autres. Joseph écrivait presque toujours sur lui, sur ses activités, ses préoccupations, ses voyages.

Les sports que j'aime

J'aime le ski parce que ça va vite. J'aime aussi le vélo parce que quand on pédale vite et qu'on arrête de pédaler, on continue à avancer. J'aime le soccer mais je ne joue pas. J'aime le base-ball parce que je frappe fort. J'aime l'escalade. J'aime le patin à roulettes et quand je vais à Rimouski, on va faire du patin à roulettes sur un quai avec mes grands-parents. Et j'aime la natation mais je n'en fais pas.

Joseph

Mariane est une auteure très sensible à sa vie, non pas pour la décrire, mais pour la célébrer et la faire connaître.
Comme plusieurs, elle raconte ici un sujet qui lui tient à cœur, et ce, de façon très personnelle.

Ma maman

Elle me lit des histoires à tous les soirs. Elle m'aide à faire mes devoirs. Je l'aime de tout mon cœur. Je vais au parc avec maman. Parfois ma maman va me porter chez Alexie. Parfois elle est en vacances. Je vais dîner avec elle. Ma maman elle va avec moi chez la coiffeuse. Je l'aime très très très beaucoup. Elle travaille le soir jusqu'à minuit. Elle paye le service de garde.

Mariane

La vie d'Alexie était toujours source d'inspiration : ses promenades en famille, ses sorties, ses impressions, ses amies. Elle a inspiré de nombreux élèves à écrire. Ce sujet est venu car nous avons souvent dit en classe que les événements de notre vie valent la peine d'être racontés de notre point de vue unique.

Mon voyage à Old Orchard

Quand je suis allée à Old Orchard, je suis allée en moto. J'ai aimé ça. Mon papa allait très très très vite ! La mer est froide, l'eau est salée. J'ai avalé de l'eau. Après, il y a eu une grosse vague. J'ai encore avalé de l'eau. Et il y a des mouches.

À tous les soirs, j'allais me baigner dans la piscine. J'ai beaucoup aimé ça. J'ai couché cinq jours. J'ai beaucoup, beaucoup, beaucoup aimé ça. J'ai tellement aimé ça que peut-être, je vais retourner à Old Orchard. J'ai aimé aller à Old Orchard parce qu'il y a beaucoup d'affaires à faire. J'ai fait beaucoup de choses.

Dans la mer, il y a des requins, des baleines bleues et des crabes.

Alexie

Peu sûre d'elle, Stéphanie excellait dans ces textes personnels. Ce texte a pris source dans les livres sur la mort très souvent lus en classe. Et sur les retours que nous en faisions.

Ma grand-mère

Mon arrière-grand-mère, elle est morte et je m'ennuie beaucoup d'elle. Elle est au ciel. Parfois, je veux qu'elle revienne à la vie. Je pleure parfois. J'aimais quand elle me donnait du sucre à la crème !

Maintenant, je n'ai rien qu'une mamie. C'était la maman de mamie. Et c'est la grand-maman de maman.

Je vais au cimetière.

Mon arrière grand-mère, elle est une artiste peintre. Quand je lis des histoires tristes, je pleure.

Stéphanie

Alexandre aimait les planètes et voulait écrire sur ce sujet, à la suite du livre écrit par un autre garçon de la classe. Pour qu'il se documente sur les planètes, je lui ai donné quelques livres faciles à lire et je lui en ai lu quelques extraits sur demande.

Les planètes

La Terre tourne autour du Soleil et le Soleil nous protège. J'aime le Soleil. J'aime la Terre. J'aime Saturne. La Terre nous fait vivre. La Lune est belle. Pluton, c'est la plus petite planète et la plus froide. Vénus est la planète la plus rapprochée de la Terre. Mars, elle est rouge. Deux lunes tournent autour de Mars. Mercure est la plus rapprochée du Soleil. Jupiter est faite de gaz. Uranus est aussi entourée d'anneaux. Neptune est si éloignée du soleil qu'il lui faut 165 années terrestres pour en faire le tour complet.

Alexandre

Encore une fois, Joseph écrit sur un sujet qu'il connaît bien. Il a voulu écrire un livre d'information à cause du travail en classe et de l'arrivée d'un nouvel élève qui, apeuré à l'idée d'écrire, avait décidé d'écrire sur un sujet sûr : ce qu'il savait des animaux.

Les animaux

La trompe de l'éléphant est aussi habile qu'une main. Les kangourous ont une poche. Et les dauphins doivent sortir de l'eau pour respirer. Les requins mangent des poissons. La queue du lézard se coupe et il reste en vie. Les taupes et les lapins vivent dans un terrier. Il y a des animaux qui grimpent dans les arbres. Ce sont le chat, l'écureuil, le suisse et le raton laveur. Ce sont aussi les prédateurs de l'oiseau. Les castors font des barrages en bois, ils coupent le bois avec leurs dents. le castor est un rongeur, il vit dans l'eau.
Il y a des animaux qui sont des mammifères et il y a des ovipares. La différence entre les mammifères et les ovipares, c'est que les mammifères allaitent leurs petits avec leurs mammelles. Les ovipares n'ent ont pas.

Joseph

Auteure sûre d'elle, la plume facile, lectrice chevronnée, Marianne écrivait sur une variété de sujets. Elle commence, dans ce poème, à expérimenter les genres. Ce poème est aussi inspiré par le travail d'une autre élève qui écrivait des poèmes sur la nature et par la lecture de poèmes en classe.

La vie

La vie, c'est ma meilleure amie
parce qu'elle me fait vivre.
Les arbres nous font respirer.
J'ai hâte à l'été
parce qu'on ne sera plus obligé de s'habiller.
J'aime me baigner
parce que c'est froid.
J'aime les animaux
parce que ce sont de vraies créatures
comme nous.
Mais elles ne savent pas parler
comme nous.
J'aime le Soleil
parce qu'il est chaud.
Les nuages, je ne les aime pas
parce qu'ils forment de la pluie.
Quand c'est venteux,
j'ai froid.

Marianne

Le premier jet d'Ashley était faible, impersonnel. J'en ai donc profité pour copier son texte sur des transparents et expliquer, par la littérature, comment parler d'un être cher. Nous avons lu des livres comme *Je t'aime de tout mon cœur.* Nous avons fait des emprunts littéraires : le « tout à coup » dans son texte vient du livre du même nom de Colin McNaughton.

Mon papa

Quand mon papa travaille, je m'ennuie beaucoup. Mais j'aime regarder sa photo. Je saute sur son lit ! Et quelques fois, je me cogne au plafond. Quand tout à coup... Bang !!! Quand mon papa est en vacances, je suis très contente et on va se baigner à la plage. J'aime papa avec tout mon cœur. Mon papa aussi, il m'aime.

Ashley

Karolane avait souvent besoin qu'on lui définisse les étapes d'un travail. Ici, je me suis assis avec elle à plusieurs reprises pour discuter de son voyage et définir ce qu'elle allait écrire. Grâce à cette aide, Karolane pouvait travailler sans interruption.

Pendant les congés

Pendant les congés, j'ai été à Saint-Amable dormir un jour et j'ai fait du vélo. Sébastien m'a emportée sur la montagne de rocher. Moi, j'ai descendu la montagne. Je me suis fait mal au coude et au pouce.

Sébastien l'a dit à sa mère et sa sœur est venue. Maman et Coco sont venus nous chercher à saint-Amable et quand on est partis de Saint-Amable, je me suis endormie. Mon frère s'est endormi aussi.

Karolane

Encore une fois, Mariane donne ici une idée de son style personnel et précis. Et nous retrouvons ici l'influence d'une chanson d'Henri Dès, *Chanson pour mon chien.*

Ma chienne

Ma chienne, elle dort avec moi. Et je la flatte. Ma chienne, elle est gentille avec moi. Ma chienne, elle jappe beaucoup et elle se berce avec moi.

Et quand Alexie vient à la maison, ma chienne saute dans les bras d'Alexie. Et Alexie aime ça. Ma chienne aime Alexie. Et quand Alexie s'ennuie, ma chienne s'ennuie. Ma chienne nous aime.

Quand je vais camper, j'emmène ma chienne. Quand je vais promener ma chienne, elle renifle les crottes et elle court dans la rue. Je tiens toujours la laisse de ma chienne.

Mariane

Le papa de Kevin travaillait à l'extérieur pour quelques semaines et Kevin s'en ennuyait. Ce texte se veut une éloge de son père. Il démontre toute l'admiration que Kevin a pour lui.

Mon papa

Mon papa est très débrouillard parce qu'il a défait le tuyau et ma balle était dans le tuyau. Il a trouvé ma balle. L'autre jour, mon papa est presque tombé en panne, mais il lui restait de l'essence.

Mon papa a foncé dans un poteau et une chance qu'il n'est pas mort. Mon papa a été poursuivi et il s'est échappé, quand tout à coup… Bang ! Il fonce dans une autre auto. Le monsieur n'a pas fait son arrêt et j'ai foncé dans la radio !!

J'aime beaucoup papa.

Kevin

Nouvellement arrivée en classe, Mélissa n'arrivait pas à trouver «sa voix». Elle abordait l'écriture comme une corvée. Ce texte est le premier signe d'un plaisir naissant d'écrire. Il est inspiré de quatre petits livres poétiques et simples sur quelques parties du corps : *Dents pointues, Grandes oreilles, Petits yeux et Petits nez.*

Oreilles

Grandes oreilles, petites oreilles
Oreilles poilues, oreilles pointues
Oreilles pendantes, oreilles qui puent
Oreilles pleines de poils, oreilles en or
Grandes oreilles, oreilles carrées
Oreilles rectangulaires, oreilles triangulaires
Oreilles jaunes, oreilles glacées
Tes oreilles

Mélissa

Ici encore, un moment important est le sujet d'un texte. Illustré par Marianne, celui-ci était tout à fait unique et touchant.

Le mariage de papa

On s'est réveillé très tôt, on s'est habillé très tôt, on a déjeuné très tôt, papa est venu nous chercher très tôt, on est allées chez la coiffeuse très tôt !

Tout le monde nous attendait au mariage. Quelqu'un prenait des photos et moi, j'étais devant. Ma sœur était derrière moi et Hélène était derrière Josiane. Et là, le mariage a commencé.

Blablablablablabla, le monsieur a parlé à mon papa et à Hélène. Papa a écrit son nom dans un grand livre. Hélène aussi. On est partis et on a été dans une belle salle. Il y avait plein de tables, quatre divans, une chaise. Après, on est allés dans un restaurant et après on a été chez papa. On a bu du punch et on a mangé du gâteau et des biscuits.

Papa et Hélène ont eu beaucoup de cadeaux.

Marianne

Kim démontrait ici pour la première fois un sujet personnel et mené à terme. Elle avait de la difficulté (dans bien d'autres domaines aussi) à terminer ce qu'elle commençait. Nous nous sommes assis pour travailler, planifier et structurer son travail. Belle touche affectueuse au sujet de sa sœur à la dernière phrase.

Je me suis fait mal

En fin de semaine, je me suis fait mal au coude. C'est au coude parce que je me suis enfargé dans la corde et ç'a m'a fait très mal. Ensuite, on est retournées à la maison. Ma sœur m'a soignée et ça m'a piquée un peu. Mélodie est gentille. XXXXXXXXXX

Kim

Une élève a un jour inventé ce genre littéraire : l'éloge de ses amis. Camille a eu une évolution si unique qu'elle vaudrait à elle seule un livre. Quand je pense à elle, cela me confirme que chaque enfant a son parcours et que jamais, jamais, on ne devrait imposer une évolution définie dans un manuel. Alors, Camille, voici mon éloge de ta détermination et de ton apprentissage, que l'on pourrait comparer à une fusée : un long décompte et un décollage fulgurant !

Les amis que j'aime

Nicolas est très gentil avec moi parce qu'il partage.
Sarah est très très gentille parce qu'elle joue avec moi.
Frédérique est très très très gentille parce qu'on joue ensemble à la bibitte.
Francis est très gentil parce qu'il m'attrape !!!!!

Camille

La procédure de correction

Je m'attends maintenant à ce que les enfants relisent leur texte pour en vérifier le contenu, le corriger et le réviser. Mon prochain objectif sera de leur faire adopter une démarche de correction.

Cette démarche sera similaire pour tous, mais tiendra compte des différences individuelles. Elle ressemblera à ceci une fois bien instaurée :

- Je me relis et je relis à un copain.
- J'ajoute des informations (plus tard, ce sera «j'enlève», «j'améliore», etc.).
- Je corrige à la table de correction.
  - — J'utilise le procédé qui est dans ma chemise.
  - — Je surligne en jaune les mots dont je ne suis pas sûr.
  - — Je cherche les mots surlignés.
  - — J'essaie deux fois de trouver les mots introuvables.
  - — Je demande à rencontrer mon enseignant.
- Je publie mon texte.

Nous y allons une étape à la fois, sachant que la démarche est un but que tous n'atteindront pas en même temps. Il me faudra l'introduire point par point, en m'assurant que les élèves comprennent bien chacun d'eux.

Je me relis et je relis à un copain.

Les enfants ont vu, lors lors de l'écriture interactive, l'importance de se relire et ont participé à quelques relectures où des changements ont été faits et notés. On ne doit pas attendre le moment où les enfants devront se relire pour parler de ce point. Il faut qu'ils aient pu l'observer et savoir que les experts aussi se relisent. Quand ils seront prêts, ils sauront de quoi on parle, le pourquoi et le comment.

Frank Smith disait d'ailleurs qu'il faut amener les enfants à lire comme des scripteurs et à écrire comme des lecteurs.

Il est important de relire à une personne fiable[9]. Parfois, nous n'avons pas le recul nécessaire pour voir les lacunes d'un texte. Le texte que vous lisez en ce moment en est un bel exemple : de nombreuses personnes l'ont relu en tout ou en partie et leurs commentaires ont permis de le peaufiner. J'ai tenu compte des commentaires pertinents, certains commentaires m'ont obligé à clarifier ma pensée. Et souvent, relire nous fait voir des mots oubliés...

Se faire relire n'invite pas au plagiat, comme certains enseignants l'ont déjà noté. Se faire relire améliore la réflexion et l'écriture. Dialoguer et se questionner avec d'autres aident notre voix à éclore et à prendre sa place. Elle ne vient pas seule. Elle vient quand nous réfléchissons et que d'autres nous font réfléchir. Elle vient parce que nous cherchons à être clair et à bien écrire ce que nous racontons.

J'ajoute des informations (plus tard, ce sera «j'enlève», «j'améliore», etc.).

Au début, je demande aux enfants d'ajouter une information. En réalité, il ne s'agit pas tant d'ajouter que d'amener les enfants à jouer avec leur brouillon, à oser le transformer. Je suis toujours déçu de voir des enfants plus âgés considérer un brouillon comme un propre pas corrigé. Ils n'ont pas compris à quoi sert un brouillon : à mettre les idées sur papier et à réfléchir à ce qu'ils cherchent à dire (pourrions-nous même ajouter que certains adultes n'ont pas compris le brouillon ?). En première année, les élèves trouvent difficile de supprimer. C'est plus facile pour eux d'en ajouter et, comme ils ont presque toujours un détail qui pourrait être ajouté, c'est une belle invitation à travailler et à améliorer leur texte.

Je corrige à la table de correction.

Dans la classe, il y a un endroit fixe pour se corriger. Je ne considère pas cela nécessaire à la maison, mais en classe, il faut montrer l'importance que l'on accorde à la correction. Un endroit précis a de multiples avantages :

- Il permet de nombreux outils de correction : abécédaires, dictionnaires, imagiers, dictionnaires visuels.
- Il ne dérange pas ceux qui sont en train de réfléchir. Rien de plus dérangeant qu'un élève qui interrompt le flot d'idées par ses questions incessantes sur l'orthographe et la grammaire. Par contre, ces questions ne dérangent pas un élève qui est en train de se corriger.
- Il aide les élèves à se familiariser avec le

[9] Je dis fiable, car certains enfants ne peuvent faire ce travail d'écoute ; on se doit de le dire et peut-être de créer un groupe pour apprendre à certains comment on écoute activement un texte.

procédé de correction en le ritualisant.

- On y trouve des crayons surligneurs, du liquide correcteur, quelques paires de ciseaux, du papier collant, des crayons à bille pour la correction, une agrafeuse, des trombones.

À cette table, les enfants apportent leur chemise d'écriture, qui contient le procédé de correction individuel.

J'utilise le procédé qui est dans ma chemise.

Chacun doit ouvrir sa chemise et utiliser le procédé élaboré pour lui (voir l'annexe C-5). Comme vous le verrez, les quatre premières étapes sont identiques pour tous. Les points individualisés sont inscrits lors de rencontres individuelles ou de groupe (j'en parle plus loin).

Certains devront vérifier leur ponctuation, d'autres, des aspects techniques ; quelques-uns auront un rappel de correction. À mesure que les aspects enseignés sont acquis, ils sont raturés : une belle façon de montrer aux enfants qu'ils progressent. Ce procédé est très différent de ceux qu'on trouve dans certains manuels, qui imposent les mêmes méthodes à tous et qui donnent trop de points à corriger.

Je surligne en jaune les mots dont je ne suis pas sûr.

Je laisse aux élèves des surligneurs pour officialiser la correction. Pour certains enfants, le fait d'utiliser un crayon particulier incite à la correction. Vous verrez, il faudra sérieusement montrer aux enfants à surligner : beaucoup colorient au lieu de surligner. Le crayon n'a pas la vie longue dans ces conditions ! Le surligneur n'est pas essentiel : on peut aussi encercler le mot.

Je cherche les mots surlignés.

Je félicite toujours les enfants qui ont identifié des mots incertains qu'il faut vraiment corriger. Je leur dis qu'ils agissent comme des adultes puisqu'ils peuvent identifier des mots mal orthographiés. Maintenant, ils doivent tenter de les corriger. La première façon est de trouver ces mots dans un livre, sur une affiche ou une étiquette. Une fois un mot trouvé, on le réécrit au-dessus. Je ne veux pas qu'on les efface puisque je perdrais ainsi les traces de la correction qui m'indiquent ce que les enfants font de façon automatique et ce qu'ils font en révision. Ces observations m'aident à préparer les leçons ou les interventions à venir.

Cette année, nous avons fait un tableau où les enfants inscrivent le mot trouvé, leur nom ainsi que le titre du livre où ils ont trouvé le mot. Oh, l'incitatif à devenir public, à célébrer avec les autres l'effort et la réussite. La joie de dire : regardez, j'ai trouvé !

J'essaie deux fois de trouver les mots introuvables.

Quand les enfants ne trouvent pas un mot, certains étant introuvables pour eux, ils cherchent deux façons possibles d'écrire le mot. Lors de ma rencontre avec l'enfant, j'écrirai le mot correctement en examinant ses versions et en l'aidant à

analyser visuellement le mot. Plusieurs de ces mots seront inscrits dans sa liste personnelle de mots à apprendre.

Cette partie du procédé s'inspire de ce que font les adultes face à un mot incertain : plusieurs réécriront le mot pour visuellement décider de l'orthographe conventionnelle.

Je demande à rencontrer mon enseignant.

La correction est terminée. L'élève demande à me rencontrer. Je lis son texte, nous en discutons, je corrige en sa présence, donnant ce qu'il lui est impossible de faire seul, enseignant une notion au passage, le félicitant de ce qui est bien fait, lui demandant de reprendre une correction, ou ajoutant des mots à sa liste personnelle. Je finis en inscrivant, au besoin, une nouvelle entrée à la démarche de correction ou en en supprimant une autre. Peut-être déciderai-je à ce moment de prendre le temps d'expliquer à nouveau une notion, ou de revenir en petit groupe sur celle-ci.

L'élève achèvera la correction avec mes nouvelles exigences. Quand il aura terminé, il me rendra son texte pour le faire publier.

Je publie mon texte.

Bien oui, on veut se faire publier et se faire lire. Quand j'étais jeune, on n'avait qu'une lectrice : l'enseignante, et peu de commentaires. La commande terminée, nous passions à autre chose. Une écriture fonctionnelle[10].

Les enfants doivent avoir des lecteurs. On écrit toujours pour se faire lire. Comme adultes, nos lecteurs sont multiples : soi-même (journal intime, liste d'épicerie), un correspondant, les lecteurs inconnus de publications professionnelles, le destinataire d'une note, les auditeurs d'une lecture publique de poèmes ou de prose, les spectateurs d'un film ou d'une pièce de théâtre, etc. Il est rare qu'on écrive sur commande pour un lecteur inconnu. On alléguera que les examens sont faits ainsi. Je répondrai de mon côté que, même si les examens sont ainsi faits, cela ne justifie pas d'enseigner exclusivement cette façon d'écrire. Se concentrer sur ce genre ne rend pas les gens scripteurs. Enseigner à écrire, et non pas juste à rédiger, fera en sorte que les enfants sauront comment s'attaquer à ce genre si éloigné de la vraie écriture.

Comme je l'ai déjà écrit, les publications peuvent prendre plusieurs formes : lecture publique aux parents et à la classe, rédaction d'un livre, publication dans un journal d'école, lettre, affiche, etc. La forme n'est pas coulée dans le béton.

Avoir des livres vierges sous la main aide à publier rapidement et de façon professionnelle. Il fut un temps où je les assemblais moi-même. Maintenant, j'achète aux États-Unis des livres cartonnés vierges à prix raisonnable : je profite de la visite d'un parent là-bas pour les commander et faire rapporter cette commande par mes migrateurs familiaux. Visitez le site www.barebooks.com.

[10] Certains font sensiblement la même chose en demandant à leurs élèves de n'écrire que des textes utilitaires, toujours commandés par des projets de classe. Ils espèrent ainsi faire aimer l'écriture. L'utilité n'est qu'un minime aspect de l'écriture.

Après la rencontre et la correction finale, je réécris le livre de l'enfant et le lui remets le lendemain. Je ne laisse pas l'écriture finale aux enfants pour deux raisons : le coût de ces livres et la vitesse de production. Ils auront la chance de mettre d'autres textes au propre.

Je leur laisse ensuite du temps en classe pour illustrer leur livre qui, prendra place dans notre bibliothèque de classe. Cette année, nous avons publié environ soixante livres avec en moyenne deux histoires par livre.

Que font les auteurs une fois un projet terminé ? Ils pensent à autre chose et se remettent au boulot. Pas de temps perdu : nous écrivons continuellement.

Et vous savez quoi ? Les enfants ont toujours quelque chose à dire et à écrire. Ils ne dépendent pas de moi pour écrire. Il est désolant de voir des adultes qui ont appris à écrire sur commande : une fois cette contrainte absente, à la fin de leur scolarité, ils n'écrivent presque plus[11]. Au lieu *d'écrire* avec nos mots à quelqu'un qu'on aime, on achète une carte déjà rédigée.

Tout cela demande patience et temps. Il faut expliquer ce que l'on attend, l'introduire formellement, revenir sur certains aspects et introduire une nouvelle notion. On ne peut tout présenter d'un coup. Vous imaginez un peu la cohue si on exigeait tout cela au mois de septembre ?

Les visiteurs de ma classe sont toujours étonnés du calme qui y règne, de la tranquillité des enfants et de leur concentration à la tâche. Tout vient ici de la prévisibilité de la période, de consignes claires et d'attentes riches.

Voici à quoi ressemble une période :

- Leçon au groupe
- Vérification de deux chemises ; chacun se trouve un endroit où travailler
- Appel à tous pour connaître les intentions et le travail à faire
- Rencontres individuelles et en groupes
- Partage des écrits de deux ou trois élèves

L'appel à tous prend toute son importance dans la gestion de la période. M'aidant d'une feuille où tous les noms sont inscrits, je demande à chaque enfant, devant tout le groupe, sur quoi il écrit et où il en est (voir l'annexe C-6). Ce doit être bref puisque ces informations sont purement administratives. Cet appel me permet de coordonner mes rencontres, d'en demander de mon côté (pour des cas à vérifier ou à suivre de plus près), et de rendre public des sujets possibles. Quand un élève annonce qu'il écrit sur la mort de son grand-père, je sais fort bien que dans les jours qui suivront, d'autres écriront sur la mort (d'un hamster, d'un chien, d'un être cher). Ce sera l'occasion d'aborder l'écriture de ce sujet délicat, mais tellement important.

La codification de cette feuille est simple. Je nomme un à un les enfants, et chacun me précise sur quoi il écrit. Ils doivent dire à quelle étape ils sont rendus. Par exemple, quand je nomme Camille, elle pourrait me dire « J'écris sur mon père, je me corrige ». J'écris donc «papa» à côté de son nom, sous la date, et je coche C pour correction.

B : brouillon

L : je lis à un copain

C : correction

D : j'illustre mon texte publié (dessins)

R : rencontre

Des variantes, des améliorations, des pistes à explorer (mais Bon Dieu, on ne peut pas tout faire !)

Voici deux exemples d'études de genres que nous devons faire pour aider les enfants à explorer d'autres avenues.

Écrire sur autre que soi

Je choisis des livres qui racontent un événement dans la vie de quelqu'un, des livres qui traitent de ce qui arrive à une personne en particulier. J'en lis plusieurs aux enfants et nous notons ensemble ce qui est bien fait, comment les auteurs ont décidé de traiter l'événement, comment ils commencent l'histoire, et leurs manières de conclure. Ensuite, les enfants interrogent un copain et prennent des notes. Ils devront éventuellement raconter par écrit un événement vécu par leur camarade. Je forme des groupes où les enfants se lisent leurs textes à différentes

[11] Un parallèle est à faire avec la lecture. Quand on apprend à lire pour répondre à des questions, on arrête de lire quand il n'y a plus de questions. Et quand on lit pour des pizzas, qu'arrive-t-il ? La recherche démontre que même les lecteurs avides avant l'arrivée de ces récompenses abandonnent la lecture quand on retire celles-ci. Les récompenses enlevées sont synonymes de punitions.

étapes de réalisation. Je continue à lire certains livres aux enfants en les invitant à intégrer dans leur texte différents éléments vus lors de nos explorations littéraires (naturellement, je fais quelques démonstrations sur transparent avec des textes choisis). Finalement, nous publions le tout sous une même reliure et invitons les parents à une lecture (midi, déjeuner, soirée).

Écrire de l'information

Au printemps, je prépare des sacs de lecture sur un animal. Je fais deux ou trois sacs de plus que le nombre d'élèves. Chaque enfant choisit un sac sur un animal et le lit en classe, avec ses parents, avec un copain du troisième cycle, ou avec moi. En lisant, les enfants prennent des notes (voir plus loin les entrevues de parents). Je leur lis différents genres informatifs et nous notons comment l'information est organisée (table des matières, lexique, glossaire, index, titres, sous-titres). À partir de leurs notes, ils écrivent sur leur animal. Grâce à des rencontres individuelles, j'aide (un autre adulte peut aussi le faire) l'enfant à organiser son information. Les enfants écrivent leur livre, l'illustrent et nous invitons les parents à venir les lire avec nous.

Entrevues de parents

Ma collègue et moi avons été charmés par une autre enseignante du Manhattan New School, Paula Rogovin, qui fait régulièrement, avec ses élèves, des entrevues avec un parent ou un autre adulte, sur un sujet précis. Bel exemple d'une enseignante qui a su tenir compte de ses préoccupations et les partage avec sa classe. Paula est une personne engagée, militante de droits sociaux. Elle réussit, par ces entrevues, à impliquer les enfants et à les rendre plus responsables.

L'initiative est simple : inviter des parents à parler de leur métier (ou de leur pays, selon l'intérêt de l'année en cours). Ce sont les enfants qui posent les questions et qui prennent des notes, sous l'œil de leur enseignante. Une fois l'entrevue terminée, la classe fera un livre collectif sur le travail de la personne invitée. Chacun écrira et illustrera une page à partir de ses notes. Les livres feront ensuite l'objet de lectures guidées ou partagées et seront aussi lus à la maison. Une belle façon de créer des liens entre les familles.

Paula verra ensuite comment utiliser en classe ce que les élèves ont appris à la suite des questions démandées.

Voici en résumé les étapes de réalisation vécues dans nos classes. Pour plus de détails, et pour une lecture inspirante, je vous invite à lire le livre de Paula. Chaque élève a un carnet dans lequel il inscrit ses notes sur l'entrevue. Naturellement, les premières notes sont très différentes des notes à la fin de l'année : comme les enfants connaissent initialement peu de la langue (étape précommunicative ou semi-phonétique), ils dessinent ou n'inscrivent que quelques lettres.

1. Toute la classe souhaite la bienvenue à l'invité.
2. Un élève pose la première question.
3. Questions des élèves, une à la fois. Au besoin, je reformule, je prends le temps de faire mimer la réponse par des élèves, j'aide les élèves à mieux se concentrer sur les réponses ou à mieux cibler leurs questions, j'accorde des pauses pour que les enfants puissent écrire (ou dessiner) la réponse à certaines questions et j'écris, sans abuser, certains mots plus difficiles pour la transcription.
4. À la fin, les élèves disent au parent ce qu'ils ont appris.
5. Les élèves font ensuite des commentaires sur l'entrevue.
6. Toute la classe remercie la personne invitée.
7. Ensuite, les enfants écrivent sur une feuille préparée à cette fin ce qu'ils ont retenu de l'entrevue et y font un dessin. En début d'année, quand les enfants corrigent peu, leur texte est retranscrit sur cette même feuille, et je fais des livres avec tout ça.

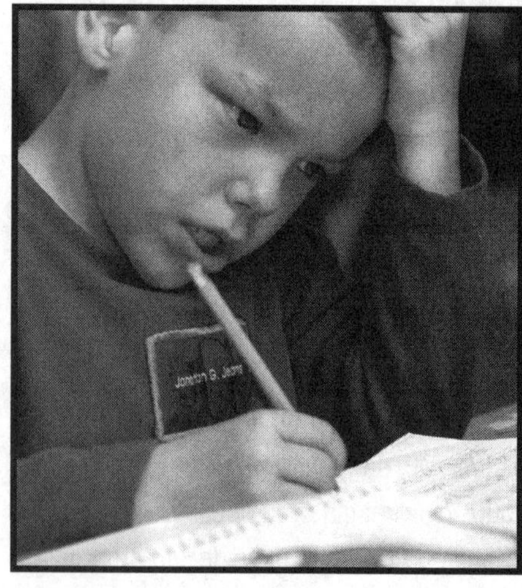

L'enfant dont le livre célèbre le métier d'un parent est fier de l'apporter à la maison. C'est aussi une belle valorisation de tous les métiers et cela fait en sorte que les parents se connaissent un peu mieux. Une excellente façon d'apprivoiser la classe pour certains parents et de faire en sorte qu'ils y mettent le pied. Ma collègue Marilou Labrecque raconte qu'un parent qui travaillait dans une cafétéria disait n'avoir rien à apprendre aux enfants. Ce fut une superbe entrevue, car cette mère apporta des outils de travail et parla abondamment de la préparation énorme requise pour les repas. Les enfants ont adoré et elle aussi.

À l'école, nous sommes fiers de voir nos élèves de première année apprendre à noter, à poser de bonnes questions et à retranscrire leurs notes. De beaux apprentissages importants.

Journal de réflexion (ou intime)

Quelques fois par semaine, du temps pour écrire sur sa vie et y réfléchir. Une fois par semaine, on prendra le temps de faire lire un extrait à haute voix, à la classe. On peut faire la lecture en petits groupes aussi. Il faudra intégrer ce journal dans l'atelier d'écriture et permettre aux enfants d'y écrire, si le cœur leur en dit. Naturellement, il y aura des leçons à donner pour que le journal soit vraiment utilisé : quoi écrire, des exemples de journaux intimes, des réflexions à écrire, se relire en réfléchissant, les suites d'anciens écrits, des idées pour écrire plus en détail, les préoccupations et les mots qui reviennent souvent, la relecture pour certaines corrections… Et comme c'est personnel, interdit de lire, à moins d'y être invité ou qu'un élève veuille une réaction de votre part à un écrit.

Et de grâce, si un élève vous écrit, ne faites pas que noter son orthographe, comme je l'ai si souvent vu. Aimeriez-vous qu'on vous fasse ce coup ?! On commente honnêtement le contenu de ces journaux et s'il y a des remarques à faire sur l'orthographe, que celles-ci alimentent nos cours. Si vos remarques ne sont que d'ordre grammatical, les enfants auront vite compris le but de ces journaux : l'évaluation. Dès lors, oubliez ce journal.

Exigeons la propreté, l'ordre, mais soyons judicieux dans nos remarques.

Correction collective du message matinal

Quand le moment est propice, je n'écris presque plus les messages du matin. Le chef de la journée s'en charge. L'occasion est belle pour montrer la correction, le surlignement, les tentatives pour trouver un mot.

Le matin, pendant que les autres élèves font leurs tâches matinales, le chef écrit un message pour la classe. Il se relit, surligne, se corrige du mieux qu'il peut et fait des tentatives pour améliorer l'orthographe d'un mot. Au début, le chef

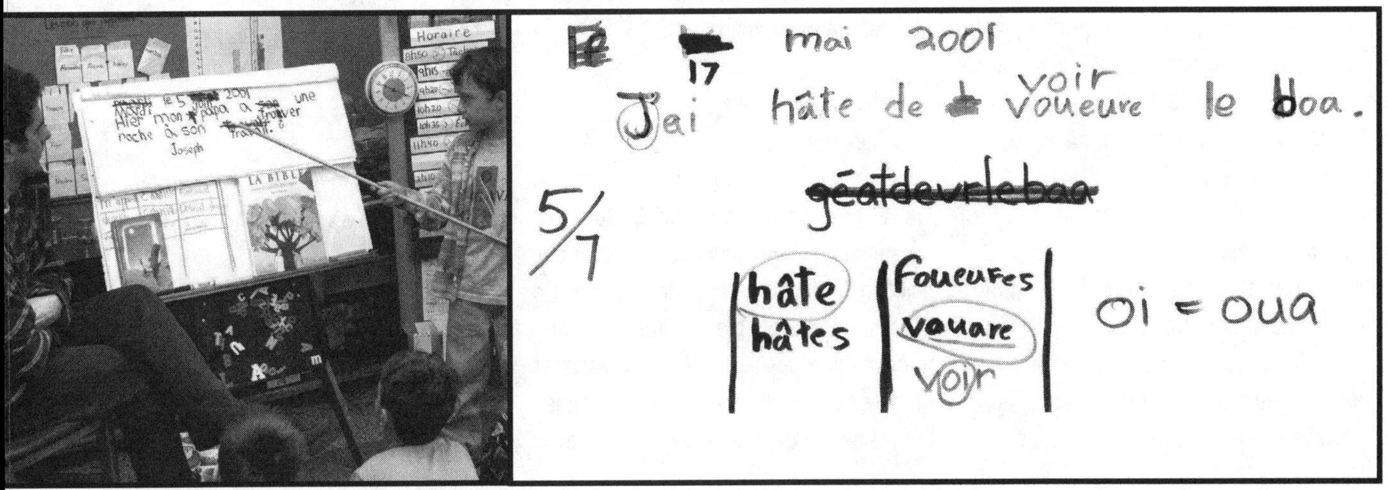

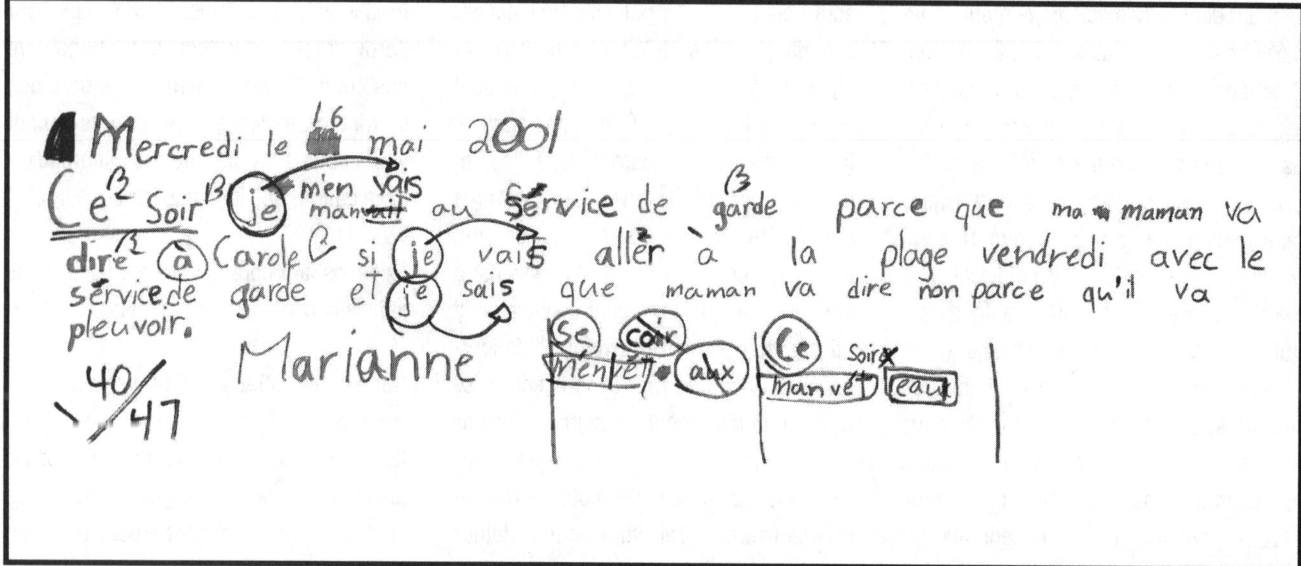

ne fera pas tout. On en profitera donc pour introduire chacune des étapes, pour discuter du bien-fondé de certaines d'entre elles, et pour mettre en valeur ce qui est bien fait. Comme vous pouvez le pressentir, ces occasions sont riches en discussions et en apprentissages.

Mercredi le 16 mai 2001
Ce soir je m'en vais au service de garde parce que ma maman va
dire à Carole si je vais aller à la plage vendredi avec le
service de garde et je sais que maman va dire non parce qu'il va
pleuvoir.
Marianne
40/47

Nous relisons ensemble le message, nous en discutons, nous observons la correction, nous la terminons. J'en profite pour calculer le pourcentage de mots bien écrits et pour noter les améliorations. Le chef apporte le message à la maison pour le montrer à ses parents. Fier chef.

Journal de sciences

Un vrai journal de sciences, pas un endroit pour remplir des trous ou mettre des mots. Un journal pour nos observations, nos remarques scientifiques, nos hypothèses, nos croquis, des schémas. Avec les petits, il est plus facile de faire une feuille à la fois, pour ensuite les relier dans un cahier. Un cahier pour vraiment apprendre la méthode scientifique.

Journal de dialogue avec les parents ou l'enseignant

Un journal où l'on questionne directement l'enseignante ou un parent. La consigne : quand on le reçoit, on doit y répondre au plus tard le lendemain.

Journal de l'écrivain

Certaines enseignantes utilisent, dès la troisième année, un journal d'écrivain où les élèves notent tout, mais tout. Ils apprennent ensuite comment générer des sujets d'écriture à partir de leurs écrits. De l'écriture remarquable, véritable, époustouflante (voir les lectures suggérées à la fin de ce chapitre). J'ai l'intention l'année prochaine d'expérimenter ce cahier avec mes élèves vraiment avancés afin de voir son effet sur des élèves de fin de première année.

Une mise en garde : il vaut mieux l'expérimenter soi-même, comme adulte, avant de l'introduire aux enfants.

Étude de mots

Trop souvent, on apprend les mots d'une seule façon: par cœur. Quand je pose la question aux étudiants, la plupart ne reconnaissent que cette stratégie, la seule qu'elles observent dans leur classe de stage. Pour bien écrire, il est primordial de lire et d'écrire souvent. Mais ces pratiques ne garantissent pas à elles seules une orthographe conventionnelle. Il faut donc amener certains enfants à mieux observer et analyser les mots.

Nous savons maintenant qu'il faut préparer des listes de mots, qu'il faut regarder attentivement les mots usuels et que les enfants doivent choisir certains mots à apprendre. Je suis toujours étonné de voir des enfants qui, selon une méthode très populaire au Québec, apprennent des mots d'une liste déséquilibrée, non organisée : aucune structure apparente des normes d'orthographe. Il est désolant de voir que, dans les cycles supérieurs, on ne prend pas le temps de faire de l'étymologie, d'étudier des suffixes et des préfixes, d'observer et d'étudier des racines, de regrouper les mots par famille ou par utilisation, bref, de faire peu pour aider les enfants à bien apprendre l'orthographe.

Je ne veux pas lancer un grand débat (ouf, direz-vous). Considérons une façon pratique d'étudier les mots en première année. Je vous laisse le soin de faire la réflexion concernant les cycles supérieurs.

Un cycle de cinq jours

Jour 1 : Leçon et liste

Je donne une leçon sur une particularité de l'orthographe. Une terminaison (ma collègue et moi avons fait la liste de terminaisons à explorer avec les enfants : nous ne les voyons pas toutes, mais cette liste nous sert d'aide-mémoire) ; une famille ; une difficulté avec un certain son… Une fois mon choix arrêté, j'établis avec les enfants une liste de mots illustrant la leçon. Nous choisissons trois mots à apprendre pour nous souvenir de ce que nous avons vu, et chaque enfant écrit les mots sur une fiche à son nom. Ces fiches sont placées dans des pochettes de bibliothèque au mur. L'avantage de les avoir sous les yeux est que l'on sait immédiatement quand un élève n'a pas placé sa fiche!

Les enfants choisissent ensuite de trois à cinq mots qu'ils veulent apprendre à écrire. Ces mots proviennent de sources différentes : dictionnaire personnel, mots du mur, liste des mots usuels, mots à apprendre dans leur chemise d'écriture. Je vérifie leur liste et c'est fini !

Cette année, les enfants écrivaient les mots réussis lors de la dictée précédente dans leur dictionnaire personnel.

Je rappelle aux enfants, dès le début de l'année, qu'on ne doit jamais copier un mot lettre à lettre. Sinon, ils ne retiendront que des lettres et non le mot. Je leur demande de regarder, de suivre le mot lentement du doigt en identifiant les sons qu'ils entendent, de voir le mot dans leur tête, de le vérifier, et quand ils en sont sûrs, de l'écrire.

Jour 2 : Lettres

Les enfants pratiquent l'épellation avec des lettres de plastique. Chaque mot est épelé trois fois avec ces lettres : on l'écrit d'abord avec le mot bien en vue, mais la troisième fois, on cache le mot. Cette stratégie fonctionne bien pour certains scripteurs : le rappel de l'ordre des lettres. Un autre avantage est que l'on pratique l'épellation sans écrire : il est facile de corriger une erreur. Ces lettres sont une bénédiction pour un scripteur débutant.

Après avoir épelé tous les mots, les élèves rangent leur fiche dans leur pochette. Ce qu'on a fait : épeler les mots.

Jour 3 : Regarde, vois, écris, vérifie

Les enfants travaillent avec une chemise découpée en trois bandes. La première sert à cacher la liste et les deux autres, à écrire le mot. Voici comment procéder :

1. Les enfants mettent une feuille blanche ou récupérée dans la chemise et leur liste sous la première bande.
2. En soulevant la bande qui cache la liste, ils étudient le premier mot. Quand ils sont prêts, ils rabattent la bande, soulèvent la deuxième et écrivent le mot.
3. Ils vérifient leur essai en soulevant la première bande, étudient encore le mot, abaissent la première bande et soulèvent la troisième pour réécrire le mot, s'il y a lieu.
4. Ils vérifient le mot et recommencent pour chaque mot.
5. Quand ils ont fini, ils remettent la liste dans la pochette et la chemise à l'endroit approprié.

Ce qu'on a fait : obliger les enfants à regarder tout le mot, à bien l'observer et à le visualiser au complet dans leur tête.

Jour 4 : Pratique à deux et analyse

Sur la feuille spéciale (voir l'annexe C-7), les enfants se demandent leurs mots, comme pour la dictée du lendemain. Je forme des équipes chaque mois, cela évite de perdre son temps à chercher un partenaire.

Les enfants échangent leur liste, écrivent leur nom et la date, et se demandent respectivement leurs mots. Ensuite, le copain vérifie les mots et coche chaque erreur. Le copain ne fait que noter l'erreur, il ne corrige ni ne rend la fiche à l'autre. Le premier doit donc regarder son erreur, réfléchir à ce qu'il peut faire mieux, et se reprendre. Le copain vérifie cet essai et, qu'il soit bon ou mauvais, demande au premier de regarder sa fiche et d'écrire le mot correctement sous la troisième bande. Pourquoi le réécrire ? Ces exercices existent pour que l'on réussisse du premier coup.

L'enfant analyse ensuite son erreur et surligne en jaune la partie du mot qui lui a donné de la difficulté. Le copain signe comme correcteur.

Ce qu'on a fait : de la réflexion sur les mots, ainsi qu'une analyse plus détaillée des erreurs.

Jour 5 : Dictée

À deux, dans un petit cahier, les enfants font la même chose que la veille : ils se demandent leurs mots et analysent leurs erreurs après le premier essai. Ces études journalières servent aussi à assimiler des finales de mots et des structures que les élèves utiliseront quand ils seront confrontés à des mots inconnus.

Comme vous pouvez le constater, ce cycle de cinq jours est beaucoup plus respectueux de ce que la recherche nous apprend sur l'apprentissage des mots. Les bons scripteurs épèlent, analysent, visualisent, comprennent certaines notions d'étymologie et de familles, généralisent des terminaisons.

Apprendre la routine prendra quelques semaines, mais le temps sauvé par la suite justifie amplement le temps que vous y consacrerez. Pendant que les enfants font leur routine, je peux être seul avec certains d'entre eux, mieux superviser ceux qui en ont besoin, passer du temps avec un seul enfant. Bref, je ne suis pas un chef de régiment qui coordonne ses troupes, mais un enseignant qui peut enseigner : les enfants assument l'ordre et leurs responsabilités.

Sharon Taberski, de la Manhattan New School, a fait une variante de cette routine que je me promets d'intégrer dans les années à venir. Elle établit la liste de chacun des élèves à partir de leurs écrits et de mots de classe. Ses élèves auront plus de mots que les miens, mais la démarche dure deux semaines. Une semaine pour établir la liste et une semaine pour l'étude à la maison. Il y a assurément bien des voies pour mieux faire apprendre les enfants.

Ai-je été trop technique ? Ma soif de démontrer la rigueur requise pour innover a peut-être occulté une chose importante : je veux que les enfants aiment écrire et qu'ils continuent à le faire, à leur façon, toute leur vie. Dommage que vous ne puissiez être témoin du plaisir de la classe à écouter un copain nous lire son texte, de la joie que nous éprouvons lorsqu'un élève réussit quelque chose de magique par l'écriture, de la fierté du groupe quand un élève se surpasse, de l'honneur d'être comparé à un auteur aimé, des tentatives étonnantes de style et de genre.

Comme vous pouvez le constater, nous sommes loin ici des mises en situation d'écriture. Les textes qui en résultent seront donc plus personnels et les attitudes des enfants face à l'écrit, très différentes. Je me dois d'écrire et d'amener cette joie aux enfants, tout en les aidant à développer la qualité technique et esthétique de leurs écrits.

Nous lisons, nous écrivons, nous réfléchissons, nous nous améliorons, nous dépassons nos acquis et nous affrontons ensemble l'inconnu dans le respect de nos différences. Je ne pourrais mieux résumer.

Qu'il est bon de savoir qu'un environnement comme celui-ci fait en sorte que les enfants tentent de leur mieux, sans collants, récompenses ou autres incitatifs : il est temps de parler d'évaluation.

Lectures suggérées

(voir la bibliographie pour les références complètes)

The Art of Teaching Writing
de Lucy Calkins
Une œuvre majeure, même après toutes ces années.

Living Between the Lines
de Lucy Calkins et Shelley Harwayne
Deux belles plumes s'unissent pour inspirer notre travail.

On Solid Ground : Strategies for Reading K-3
de Sharon Taberski
Mon livre de chevet, encore et toujours.

Word Matters, Teaching Phonics and Spelling in the Reading/Writing Classroom
de Gay Sue Pinnell et Irene Fountas
Un livre qui va au fond de l'apprentissage des mots.

Interactive Writing
de Gay Sue Pinnell et Irene Fountas
De beaux exemples, une solide argumentation.

Dire, lire, écrire : des écrivains rencontrent des enfants
de Nadine Brun-Cosme, Gérard Moncomble et Christian Poslianec
Rares sont mes références en français. Celle-ci est exceptionnelle.

Teaching Kids to Spell
de Richard Gentry et Jean Gilet
Une énorme réflexion, de belles suggestions. Un livre solide.

Writing : Teachers and Children at Work
de Donald Graves
LE livre qui a inspiré des milliers d'enseignants.

4

> [...] Ce que tu attends, toi, c'est que [tes élèves] te rendent de bonnes fiches de lecture sur les romans que **tu leur imposes**, qu'ils « interprètent » correctement les poèmes de **ton** choix, qu'au jour du bac ils analysent finement les textes de **ta** liste, qu'ils « commentent » judicieusement, ou « résument » intelligemment ce que l'examinateur leur collera sous le nez ce matin-là... Mais ni l'examinateur, ni toi, ni les parents, ne souhaitent particulièrement que ces enfants lisent. Ils ne souhaitent pas non plus le contraire, note. Ils souhaitent qu'ils réussissent leurs études, un point c'est tout ! Pour le reste, ils ont d'autres chats à fouetter.
>
> *Daniel Pennac*
>
> Comme un roman

L'évaluation

Le problème de l'évaluation est qu'elle est liée, dans l'esprit de presque tout le monde, à la notation. Ce sont deux domaines différents.

Je ne parlerai donc pas, ou si peu, de notation. Les enfants apprennent mieux sans elle. Ce n'est pas moi qui l'affirme, ce sont de nombreuses recherches. Et tous ceux qui pensent améliorer les écoles en les comparant, en publiant des notes dans un journal, se trompent. L'impact de ces comparaisons va à l'encontre de leurs espérances. La seule façon d'améliorer les écoles est d'assurer des conditions d'apprentissage optimales et d'avoir des enseignants inspirants et instruits. Les notes et les comparaisons jouent contre les deux.

Il n'existe aucun lien entre les notes, la qualité de l'éducation et la qualité de l'apprentissage, sinon que les enseignants qui se concentrent sur l'examen à donner le font souvent au détriment de la pensée critique, des connaissances et de l'approfondissement. Prenez par exemple cet élève de 5e année qui a écrit des examens en mai, des pratiques d'examens à la fin de mai, et des examens en juin. Six semaines d'évaluation pour des notes sur le bulletin : est-ce cela la qualité que nous recherchons ?

Brièvement, puisqu'il le faut, voici donc quelques chiffres et observations de recherches :

- 73% des parents, face à des solutions de rechange intelligentes aux bulletins notés (oui, oui, pas les 24 pages de compétences), choisissent une ou plusieurs autres solutions.
- Dans une classe intéressante, les élèves non notés réussissent aussi bien que les élèves notés.
- Rendus au secondaire, des élèves ayant fréquenté des écoles sans note étaient aussi forts que des élèves provenant d'écoles où les notes étaient utilisées.
- Des élèves de 5e année à qui on avait dit qu'ils seraient notés en sciences humaines avaient plus de difficulté à comprendre les idées principales du texte que ceux à qui on avait dit qu'ils ne seraient pas notés. Et même sur un rappel de texte une semaine plus tard, les élèves notés se souvenaient moins bien du texte que l'autre groupe.
- Trois études différentes sur des élèves de troisième cycle prouvèrent que des élèves notés sur des jeux de mots et autres tâches étaient moins créatifs que ceux qui recevaient seulement des commentaires constructifs sur la qualité de leur travail. Plus la tâche exigeait de la créativité, pires étaient les résultats. Et donner des commentaires en plus de la note s'avéra inutile : les meilleurs résultats n'étaient obtenus que si les commentaires remplaçaient la notation.
- Des élèves de niveau collégial à qui on avait demandé de lire un article scientifique furent notés ou appelés à expliquer le contenu à un camarade. Les deux groupes mémorisèrent également les détails, mais le groupe noté fit piètre figure dans sa compréhension des concepts.
- Des élèves de niveau secondaire qui étudiaient en fonction de la note apprenaient moins bien que leurs pairs qui n'étudiaient pas en fonction des notes.

Ces observations, et bien d'autres, contribuent à ébranler notre tradition d'évaluer pour améliorer et augmenter l'apprentissage. Évidemment, elles sont difficiles à interpréter ici puisqu'elles sont hors de leur contexte de recherche, et de ce fait, demandent des nuances. J'en conviens avec vous. Mais nous devons nous questionner sur le bien-fondé de ces pratiques.

Une analogie avec les tests standardisés et les notes comparatives ? Un enfant ne grandit pas mieux si on le mesure souvent : il grandit mieux si, entre autres, on le nourrit bien, si on lui donne de l'air pur et si on le laisse pratiquer des sports. Dire que les mesures aident l'élève, c'est de la pensée magique. Il est irresponsable d'exiger qu'un enfant se développe au même rythme que d'autres s'il n'a pas eu accès aux mêmes avantages. Mon analogie est peut-être fausse : les tests ressemblent parfois à la mesure des orteils pour savoir si l'enfant grandit bien.

Mon rêve? Quand on voudra imposer certains tests standardisés, je souhaite que le ministre, ses collègues, les journalistes friands de listes comparatives, les directeurs de commissions scolaires, certaines personnalités et cadres scolaires se soumettent à ces tests adaptés à leur maturité collective. Nous publierons ensuite les résultats, et la moyenne, dans les journaux. Pour leur bien, naturellement.

Les lectures suggérées à la fin de ce chapitre explorent tout cela. Moi, j'arrête. Je préfère vous parler de l'essentiel, c'est-à-dire de cette évaluation qui m'informe et me guide, et des progrès et connaissances de mes élèves.

Au début, en réfléchissant à ce livre, je n'avais aucune intention d'écrire sur ce sujet. Mais je constate que c'est incontournable, même si j'ai beaucoup parlé d'évaluation jusqu'à maintenant sans jamais la nommer.

Une évaluation correcte m'informera sur la qualité de mon enseignement, sur l'évolution de mes élèves, sur l'enseignement à faire, et m'aidera à renseigner les parents et les élèves. Voici donc, en deux tableaux, les éléments qui serviront à cette évaluation.

Vous remarquerez que ces éléments d'évaluation sont quotidiens, réguliers et continus. Pas besoin d'examens spéciaux, simplement de toujours s'astreindre à ce regard critique. Quel plaisir de supprimer ces examens, de ne pas soumettre mes élèves à ces artifices, de ne pas perdre mon temps à les donner et à les corriger, et finalement de ne pas me laisser gâcher mon plaisir d'être avec les enfants. Mon rôle est de les aider, tous, à devenir meilleurs, pas de servir d'instrument de triage social.

Tableau 4.1

Éléments servant à évaluer la lecture
1. Analyses de méprises en route
2. Feuilles de lecture hebdomadaires des élèves
3. Extraits du journal de lecture des élèves
4. Extraits des carnets de rencontres
5. Rappels d'histoires et discussions

Tableau 4.2

Éléments servant à évaluer l'écriture
1. Textes hebdomadaires soumis par les élèves
2. Dictées identiques répétées trois fois durant l'année pour vérifier et confirmer l'évolution
3. Regards critiques sur leur écriture
4. Rencontres régulières d'édition et de correction
5. Éléments notés dans leur chemise d'écriture
6. Progrès en orthographe observé dans leurs textes

Dictées répétées

Nous donnons aux enfants quatre phrases (cette année, nous avons amélioré ces phrases pour qu'elles contiennent plus de sons variés) à trois moments différents de l'année. Vous remarquerez l'évolution des enfants. Une donnée riche en informations pour savoir où en est un enfant et se réjouir de ses progrès. En plus, que de matière à discussion avec un parent, ou avec un enfant, pour lui montrer comment il évolue.

Tous les éléments figurant dans les tableaux 4.1 et 4.2 peuvent faire partie d'un portfolio d'élève. J'ai ainsi de vrais éléments dont les enfants pourront discuter et qu'ils pourront présenter. Je suis triste quand je vois des portfolios d'élèves devenir des ramassis d'examens et de fausses listes (par exemple, mes sujets d'écritures, par des élèves qui n'écrivent jamais mais qui remplissent chaque semaine les pages d'un manuel).

Alexie

Mots	4 oct - 2000	20-02-01	31-05-01
Les	lé	les	les
animaux	zanimo	animaux	animau
sont.	sou	son	son
gros.	grau	grau	gros
Le	le	le	le
loup	lou	loup	loup
mange	majai	mange	mange
un	un	un	un
lapin.	lapn	lapin	lapin
J'aime	j'ai-ém	jaime	j'aime
l'école.	lécole	l'école	l'école
J'aime	j'ai	Jai	j'aime
lire	lére	lére	lire
et	é	est	et
écrire.	écrere	écrire	écrire
étapes	0 Pré communicatif 3 Semi-phonétique 8 phonétique 1 transition 3 conventionnelle	0 Pré communicatif 1 Semi-phonétique 1 phonétique 4 transition 9 conventionnelle	0 Pré communicatif 0 Semi-phonétique 1 phonétique 1 transition 13 conventionnelle
%	0 Pré communicatif 20% Semi-phonétique 54% phonétique 7% transition 20% conventionnelle	0 Pré communicatif 6% Semi-phonétique 6% phonétique 26% transition 60% conventionnelle	0 Pré communicatif 0 Semi-phonétique 6% phonétique 6% transition 86% conventionnelle

Camille

Mots	4 oct. 2000	20-02-01	31-05-01
Les	lé	lse	les
animaux	zcm	valim	sanimos
sont.		son	sons
gros.	o	inrau	gros
Le	e	le	le
loup	i	loup	loup
mange	m	man	manger
un	capinun	un	un
lapin.		lapin	lapin
J'aime	vlr	véme	jamer
l'école.	rpr	léaole	l'école
J'aime	vlr	vēme	jamer
lire		lir	lere
et		bse	et
écrire.	err	bserire	etcrir
étapes	13 Pré communicatif 2 Semi-phonétique 0 phonétique 0 transition 0 conventionnelle	1 Pré communicatif 5 Semi-phonétique 4 phonétique 1 transition 4 conventionnelle	0 Pré communicatif 0 Semi-phonétique 3 phonétique 4 transition 8 conventionnelle
%	87% Pré communicatif 13% Semi-phonétique 0 phonétique 0 transition 0 conventionnelle	66% Pré communicatif 33% Semi-phonétique 26% phonétique 6.6% transition 26% conventionnelle	0 Pré communicatif 0 Semi-phonétique 20% phonétique 26% transition 53% conventionnelle

Voici, à titre d'exemple, une méthode pour recueillir le matériel d'un portfolio d'écriture et amener les enfants à réfléchir à ce qu'ils font.

Exemple d'une démarche en écriture pour des éléments d'un portfolio

Mon écriture en octobre

Nom : ____________________ **Date :** ____________________

1. J'écris à propos de...

2. Ce que nous remarquons dans mes dessins.

3. Ce que nous remarquons dans mon écriture.
   — Est-ce que j'écris des phrases ?
   — Est-ce que je laisse des espaces entre les mots ?

4. Ce que nous remarquons à propos de mon orthographe.

5. Certains mots que je sais épeler.

6. Ce que je veux travailler en novembre.

Mon écriture en février

Nom : ______________________ **Date :** ______________________

---

1. J'écris à propos de...

---

2. Ce que je remarque dans mes dessins.

---

3. Ce que je remarque dans mon écriture.
   — J'écris des phrases.
   — Je laisse des espaces entre les mots.
   — Je mets une majuscule au début des phrases.
   — Je mets un point à la fin des phrases.
   — J'utilise des lettres minuscules.

---

4. Ce que nous remarquons à propos de mon orthographe.

---

5. Certains mots que je sais épeler.

---

6. Ce que je dois travailler en mars.

Évaluation de l'écriture à partir de mars

Nom : ______________________ **Date :** ____________________

	Sept.	À ce jour
Je peux trouver des sujets.		
J'écris beaucoup.		
J'écris plus qu'une phrase.		
Je laisse des espaces entre les mots.		
J'utilise des minuscules.		
J'utilise des majuscules et des points.		
Je peux épeler des mots.		
Ce que je veux améliorer pendant le reste de l'année.		

Portfolio en écriture
Démarches mensuelles

Septembre :	Introduire les démarches L'enfant choisit deux textes significatifs du mois J'en choisis un Nous remplissons ensemble le questionnaire de septembre
Octobre :	Choisir les deux textes significatifs/en garder un Remplir le questionnaire d'octobre
Novembre :	Choisir les deux textes significatifs/en garder un
Décembre :	Relâche
Janvier :	Choisir deux textes/en garder un Comparaison avec un texte de septembre Questionnaire de janvier
Février :	Choisir deux textes significatifs/en garder un Questionnaire de février
Mars :	Choisir deux textes significatifs/en garder un Comparaison avec septembre Questionnaire comparatif
Avril :	Choisir deux textes significatifs/en garder un
Mai et juin :	Choisir deux textes significatifs/en garder un Choisir cinq ou six textes au total Écrire sa propre évaluation Remettre le tout à l'enseignante de deuxième

En lisant ces suggestions, vous vous demandez peut-être où trouver le temps pour ces rencontres ?

À la fin de septembre, je rencontre chaque enfant seul pendant l'atelier d'écriture ou la récréation, après la classe ou parfois pendant le dîner. Les autres mois, le choix des textes pourra se faire en groupe, puisque les élèves savent maintenant comment faire. Éventuellement, toute la classe pourra choisir les textes en même temps, lorsque tous auront bien compris.

En 2001-2002, les élèves en première année de mon école ont connu une année sans étape ; les rencontres suggérées ont donc été intégrées dans la vie de classe selon les enfants à rencontrer. Je m'explique.

Vers la fin d'octobre, chaque enfant a reçu une communication générale sur la vie de classe, avec des observations sur les points forts et les points faibles. Un mois plus tard, nous avons commencé à évaluer deux ou trois enfants par semaine. Chaque enfant aura reçu donc un minimum de quatre communications, selon les normes du Ministère. L'avantage est d'avoir éliminé les étapes au profit d'un suivi régulier de chaque enfant. Fini l'évaluation simultanée de vingt enfants, fini les vingt rencontres avec les parents dans un court laps de temps. Plus que l'observation et la réflexion régulière sur mon enseignement par rapport à chaque enfant, par rapport au groupe et par rapport aux attentes sociales.

Une partie de ces rencontres a eu lieu pendant la semaine consacrée aux observations individuelles. Par exemple, pendant la semaine où je devais rendre compte de mes observations aux parents de Marc et d'Alexie, j'en ai profité pour voir les enfants seuls, faire le ménage de leur chemise d'écriture, analyser plus à fond leurs stratégies d'écriture, faire le bilan de leur progrès, planifier pour les semaines à venir et faire une entrevue exhaustive en mathématiques. J'ai ensuite pris le temps d'écrire toutes mes remarques à leurs parents.

Oui, *écrire*, et non remplir une grille anonyme avec toutes les compétences ou autres notations du Ministère. Les parents ne sont pas compliqués. Ils veulent savoir si leur enfant va bien, s'il progresse facilement, s'il lit, s'il écrit bien, quoi faire pour l'épauler, quelles mesures je prévois prendre.

(1) Ne jamais l'arrêter immédiatement quand elle se trompe. Le faire la rend dépendante de nous.

(2) Attendre la fin de la phrase où se produit l'erreur. Si elle veut continuer comme si tout allait bien, là, l'arrêter.
Redire la phrase exactement comme elle l'a lue. Lui demander si cela a du sens ou si cela sonne bien. Là, elle devra chercher et corriger.

Quand j'interviens de cette façon, elle se corrige. Ce n'est pas un problème de décodage mais d'écoute ; le type d'intervention exige donc qu'elle travaille ce défaut.

En écriture, de beaux progrès, plus d'assurance. On a des points, des majuscules, une belle calligraphie, beau-

10 mars 2001

Quelle belle jeune fille. Agréable, travaillante, souriante, rigolote. Difficile de trouver mieux.
Quels changements depuis le mois de septembre dans son comportement. Elle est à féliciter !!.

En lecture, du progrès, du progrès visible et audible.
Camille persévère, cherche, cherche fort face à un mot inconnu. Elle sait quand elle fait une erreur, et ceci est très positif.

Par contre, pour se corriger, elle n'utilise qu'une stratégie : que les sons. On doit l'amener à avoir plusieurs stratégies de correction quand elle se trompe. Non pas juste une!

C'est ce que nous travaillons.

→

Bref, une discussion à propos de leur enfant. Comme parent, c'est ce que je désire aussi. Alors, nous avons choisi d'écrire quelques pages aux parents et d'être très clairs. Ceux-ci préfèrent cette façon de faire aux grilles. Vous conviendrez avec moi que c'est beaucoup plus personnel. Nous avons donc un document d'école qui permet d'écrire, tout en notant les données administratives.

La même démarche s'applique à la lecture, aux mathématiques, aux sciences et à tout le reste ; elle devrait refléter nos valeurs et être liée à la vie de classe. Ce ne devrait pas être la vie de classe et ses valeurs qui sont à la remorque des examens et des autres évaluations. Un vœu pieux, s'il en est un.

La boucle est maintenant bouclée.

Lectures suggérées

(voir la bibliographie pour les références complètes)

Punished by Rewards: The Trouble with Gold Stars, Incentive Plans, A's, Praise and Other Bribes
de Alfie Kohn
Un travail énorme de recherche et de vulgarisation. Un livre qui porte énormément à réfléchir.

Beyond Standardized Testing
de Alfie Kohn
Questionne intelligemment les examens et les notes. Incontournable.

Portfolio portraits
sous la direction de Donald Graves
Des portfolios utilisés à tous les niveaux.

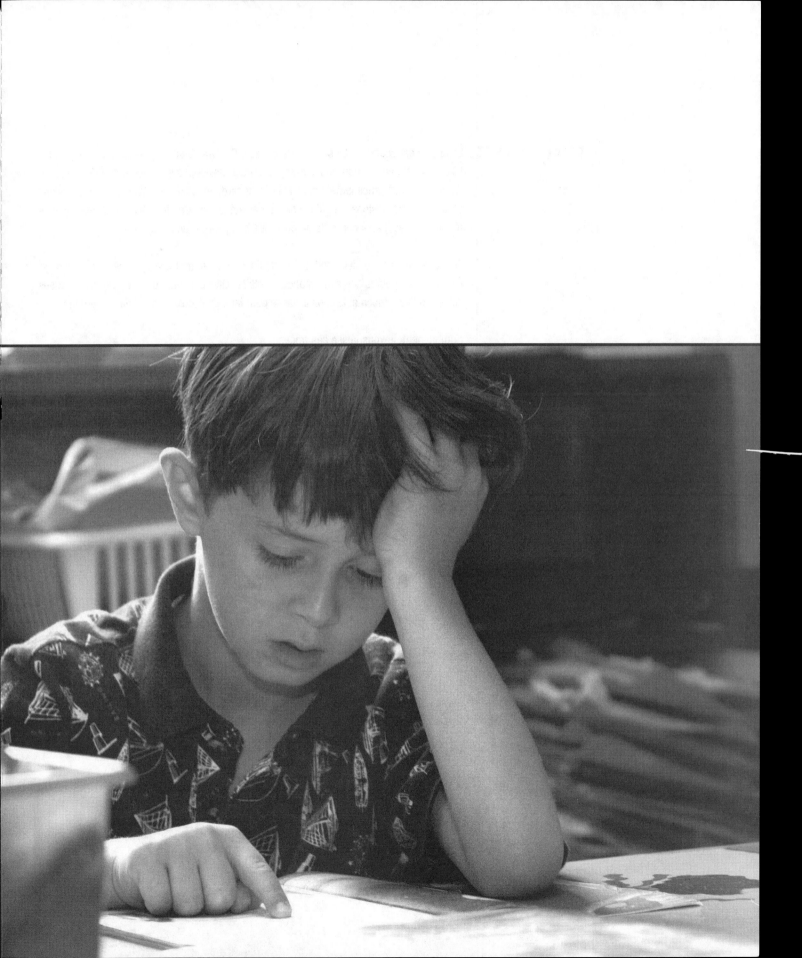

Post-scriptum

La boucle est bouclée ? Le sera-t-elle jamais ? Ce livre ne serait plus le même un an plus tard : vous avez connu ma classe et mes réflexions sur cette année 2000-2001. Celles-ci seront sensiblement différentes plus tard, enrichies du savoir de mes collègues et de nos discussions. Je n'ai pas la naïveté de croire que j'ai les seules bonnes réponses, mais j'ai la certitude de poser les bonnes questions.

Je souhaite que ce livre soit un tremplin et que nombreux y trouvent pourquoi et comment se débrouiller sans manuel scolaire. Que chacun trouve en soi et chez ses collègues l'inspiration et la connaissance pour faire de l'école un vrai lieu d'apprentissage.

Humblement, je vous laisse ces traces.

Le 5 mai 2002
Sherbrooke (Québec)

Annexes

Ces annexes présentent des outils que j'utilise en classe et que je cite dans le présent ouvrage. Libre à vous de vous en inspirer pour créer vos propres documents.

É t é

Date :

- ☐ Replacer les livres dans les bacs.
- ☐ Lire la question de la semaine.
- ☐ Placer 5 livres par table.
- ☐ Bien ranger les livres sur les étagères.
- ☐ Ramasser les cahiers de lecture.
- ☐

É t é

Date :

- ☐ Replacer les livres dans les bacs.
- ☐ Lire la question de la semaine.
- ☐ Placer 5 livres par table.
- ☐ Bien ranger les livres sur les étagères.
- ☐ Ramasser les cahiers de lecture.
- ☐

Automne

mardi mercredi | mardi mercredi
jeudi vendredi | jeudi vendredi
mardi mercredi | mardi mercredi
jeudi vendredi | jeudi vendredi

Date : ____________________

- ☐ Tailler les crayons.
- ☐ Vider le taille-crayon.
- ☐ Ranger la table de correction.
- ☐ Ramasser les cahiers de calligraphie.
- Ranger les bacs. ☐
- Placer la carte postale. ☐
- ☐

Date : ____________________

- ☐ Tailler les crayons.
- ☐ Vider le taille-crayon.
- ☐ Ranger la table de correction.
- ☐ Ramasser les cahiers de calligraphie.
- Ranger les bacs. ☐
- Placer la carte postale. ☐
- ☐

Date : ____________________

- ☐ Tailler les crayons.
- ☐ Vider le taille-crayon.
- ☐ Ranger la table de correction.
- ☐ Ramasser les cahiers de calligraphie.
- Ranger les bacs. ☐
- Placer la carte postale. ☐
- ☐

Date : ____________________

- ☐ Tailler les crayons.
- ☐ Vider le taille-crayon.
- ☐ Ranger la table de correction.
- ☐ Ramasser les cahiers de calligraphie.
- Ranger les bacs. ☐
- Placer la carte postale. ☐
- ☐

Nuit

Date : ____________________

- [ ] Faire répondre au sondage matinal.
- [ ] S'occuper de l'estimation de la semaine.
- [ ] Vérifier les mathématiques des tableaux.
- [ ] Ramasser les **mathématiques en boîte.**
- [ ] Bien ranger le matériel de manipulation.

Nuit

Date : ____________________

- [ ] Faire répondre au sondage matinal.
- [ ] S'occuper de l'estimation de la semaine.
- [ ] Vérifier les mathématiques des tableaux.
- [ ] Ramasser les **mathématiques en boîte.**
- [ ] Bien ranger le matériel de manipulation.

Printemps

Date : ______________________

- [ ] Nourrir les poissons.
- [ ] Ajouter l'eau dans l'aquarium.
- [ ]
- [ ] Arroser ou nettoyer les plantes.
- [ ] Organiser l'observation de la semaine.
- [ ]

Printemps

Date : ______________________

- [ ] Nourrir les poissons.
- [ ] Ajouter l'eau dans l'aquarium.
- [ ]
- [ ] Arroser ou nettoyer les plantes.
- [ ] Organiser l'observation de la semaine.
- [ ]

Hiver

Date :

- [ ] Vider le bac à recyclage.
- [ ] Placer une carte postale.
- [ ] Vider la poubelle.
- [ ] Laver les tableaux.
- [ ] Mettre les feuilles dans les casiers postaux.
- [ ]

Hiver

Date :

- [ ] Vider le bac à recyclage.
- [ ] Placer une carte postale.
- [ ] Vider la poubelle.
- [ ] Laver les tableaux.
- [ ] Mettre les feuilles dans les casiers postaux.
- [ ]

Automne

Date : ______________

- [ ] Tailler les crayons.
- [ ] Ranger les bacs.
- [ ] Vider le taille-crayon.
- [ ] Ranger la table de correction.
- [ ] Ramasser les cahiers de calligraphie.
- [ ] Trouver la carte postale.

Automne

Date : ______________

- [ ] Tailler les crayons.
- [ ] Ranger les bacs.
- [ ] Vider le taille-crayon.
- [ ] Ranger la table de correction.
- [ ] Ramasser les cahiers de calligraphie.
- [ ] Trouver la carte postale.

Annexe B-1

Lecture à la maison

Rappel : un rapport par semaine est attendu. Remplir complètement s.v.p.

Date	Titre	Auteur	Lu à l'enfant	Lu par l'enfant	Lu avec l'enfant	Lu seul par l'enfant

Mon enfant a aimé ______________________ le plus, car ______________

____

Signature des parents : ______________________

Lecture à la maison

Rappel : un rapport par semaine est attendu. Remplir complètement s.v.p.

Date	Titre	Auteur	Lu à l'enfant	Lu par l'enfant	Lu avec l'enfant	Lu seul par l'enfant

Mon enfant a aimé ______________________ le plus, car ______________

____

Signature des parents : ______________________

Lecture à la maison

Nom : ____________________

Date	Titre	Lu à l'enfant	Lu avec l'enfant	Lu par l'enfant	Commentaires	Init.

Les lettres que je connais

Nom : ______________________________

Dates : __________ __________ __________ __________

Lettre connue : √ Lettre inconnue : Erreur d'identification ◯

q	w	r	t	y	u	i
o	p	a	s	d	f	g
h	j	k	l	z	c	v
b	n	m	e	x		

M	N	B	V	C	X	Z
P	O	I	U	Y	T	R
E	W	Q	A	S	D	F
G	H	J	K	L		

Carte sémantique de l'histoire

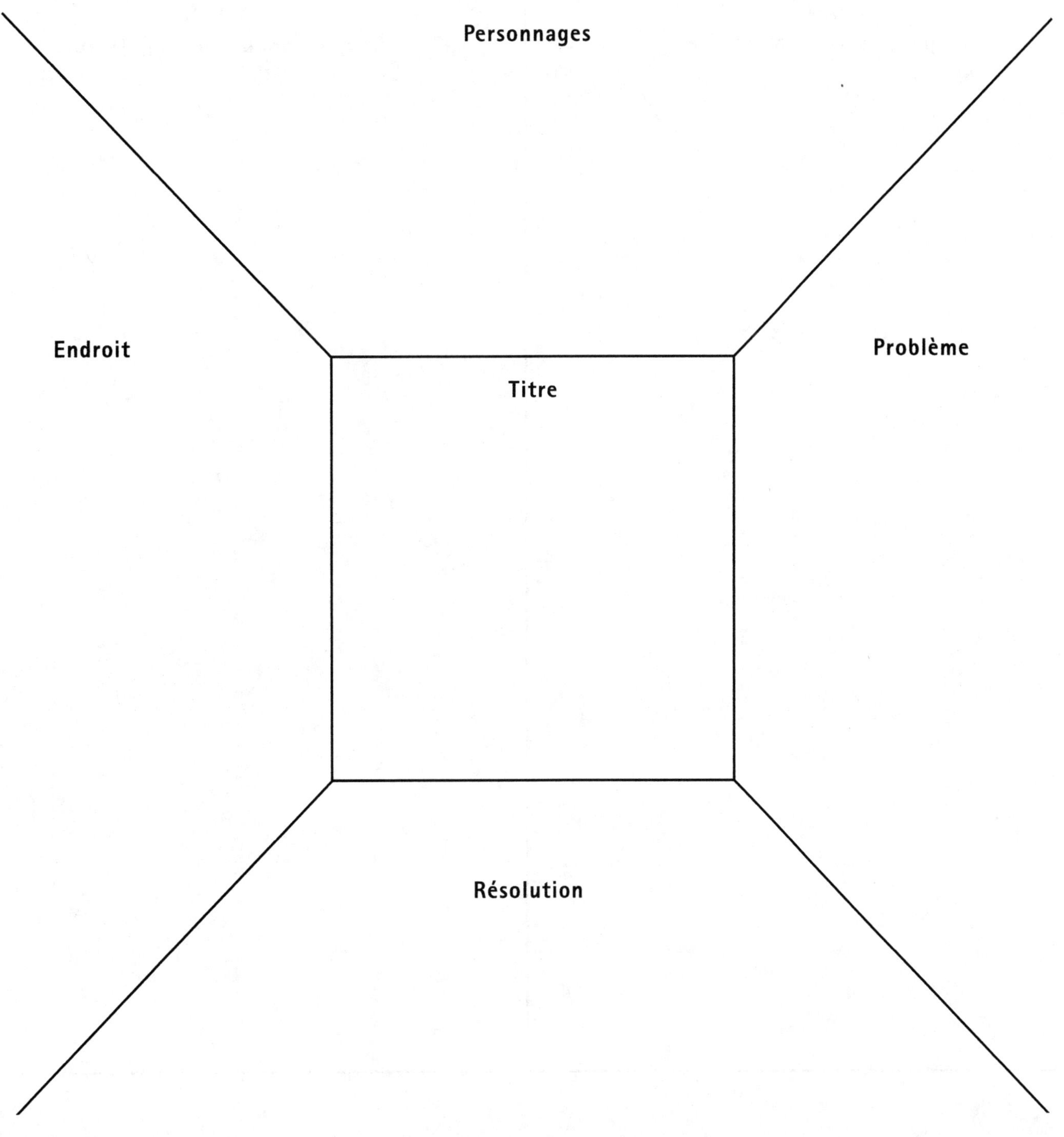

Nom : ______________________ Date : ______________

Carte sémantique
avant – après

AVANT Ce que je sais avant de lire	APRÈS Ce que je sais après ma lecture

Nom : ______________________ Date : ______________

Carte sémantique d'un personnage

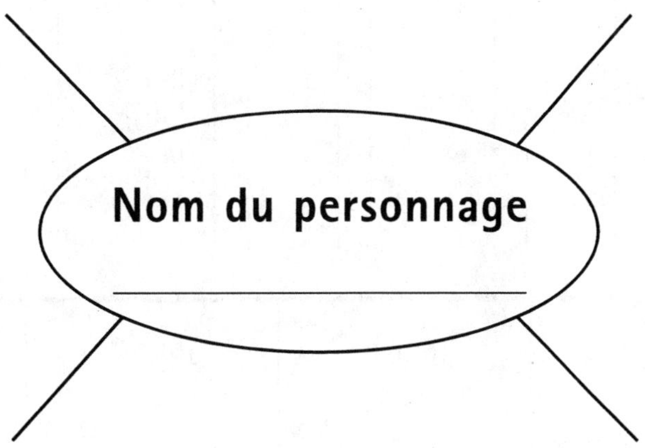

Nom : ______________________ **Date :** ______________

Parle-moi d'un des livres

Nom :

Livre choisi :

jour 1	jour 2	jour 3	jour 4	jour 5

Journal de lecture

Nom : ____________________

Titre du livre : ____________________

Paroles et gestes pour aider à l'utilisation de stratégies de lecture

Pour aider les jeunes lecteurs

Lis avec ton doigt.
As-tu assez (ou trop) de mots ?
Est-ce pareil ?
Y avait-il assez de mots ?
Tu n'as plus de mots ?
Essaie ________. Est-ce que cela aurait du sens ?
Essaie ________. Est-ce que cela semble français ?
Crois-tu que cela ressemble à ___________ ?
Peux-tu trouver _______ ? Mot connu ou inconnu.
Relis cela et lis le début du mot.

Pour aider aux stratégies de correction et de vérification

Avais-tu raison ?
Où est ce mot compliqué ? (après une erreur).
Qu'as-tu remarqué ? (après hésitation ou arrêt).
Qu'y a-t-il ?
Pourquoi as-tu arrêté ?
Quelle lettre t'attends-tu à voir à la fin ? au début ?
_________ ferait-il à cet endroit ?
_________ aurait-il du sens ?
Trouves-tu que cela ressemble à _________ ?
Ce pourrait être _______ mais regarde _________ .
Vérifie. Cela te semble-t-il correct ?
Tu l'as presque eu. Vois si tu peux trouver ce qui ne va pas.
Essaie encore.

Pour aider le lecteur à utiliser toutes les sources d'information

Vérifie l'illustration.
Est-ce que cela a du sens ?
Cela te semble-t-il correct ?
Tu as dit _______. Peut-on le dire comme ça ?
Tu as dit _______. Cela a-t-il du sens ?
Qu'est-ce qui ne va pas ici ? Répéter ce que l'enfant a dit.
Essaie encore et pense à ce qui aurait du sens.
Essaie encore et pense à ce qui semblerait français.
Connais-tu un mot comme ça ?
Connais-tu un mot qui commence par ces lettres ?
Que pourrais-tu essayer ?
Connais-tu un mot qui finit par ces lettres ?
Que connais-tu qui pourrait t'aider ?
Que peux-tu faire pour t'aider ?

Pour aider à avoir des comportements de correction

Quelque chose ne va pas.
Essaie encore.
J'ai aimé comment tu as résolu ton problème.
Tu as fait une erreur. Peux-tu la trouver ?
Presque. Essaie encore.

Pour aider à la fluidité

Peux-tu le lire rapidement ?
Mets les mots ensemble comme si tu parlais.

Analyse de méprises

Nom : ______________________ **Date :** ______________

Titre **Mots/erreurs** **Précision** **Taux de correction**

Analyse :
Fluidité : Fluide Suit du doigt Mot à mot Non fluide

Page		E	AC	Information utilisée	
				E S Sy V	AC S Sy V

Annexe B-10 (verso)

Page		E	AC	Information utilisée	
				E S Sy V	AC S Sy V

Légende :

E : erreurs **AC :** autocorrection **S :** indices sémantiques **Sy :** indices syntaxiques **V :** indices visuels (grapho-phonétique et illustration)

Mots à savoir

à
amour
aimer
aller
ami
amie
après
au
aussi
avec
avoir
beau
beaucoup
bébé
belle
bien
blanc
blanche
bleu
bleue
bon
bonne
bonbon
bouche
bras
brun
brune
chat
chatte
cher
chère
chez

chien
chienne
cinq
classe
cou
dans
de
des
deux
dimanche
dire
dix
du
école
elle
elles
en
et
été
être
faim
faire
fête
fille
fin
frère
garçon
grand
grande
gros
grosse
huit

il
ils
j'ai
jamais
jaune
je
jeu
jeudi
joue
jupe
le
la
les
livre
long
longue
main
maison
malade
maman
me
mère
midi
mon
ma
mes
neuf
noir
noire
nom
non
nous

on
orange
ou
oui
papa
par
pas
père
petit
petite
pied
plus
pomme
porte
poule
poupée
pour
premier
première
puis
quatre
robe
rose
rouge
rue
samedi
sept
si
six
sœur
son
sa

ses
souris
sous
souvent
sur
table
te
terre
tête
ton
ta
tes
toujours
très
trois
tu
un
une
vache
vert
verte
vite
vous
yeux

+ Nom des
élèves de
la classe

Mots à apprendre

Trois essais

Premier essai	Deuxième essai	Enseignant

Mes titres

Titre	Date	Publié	Non publié

Ce que je dois vérifier

1. J'ai écrit mon nom sur ma feuille.
2. J'ai écrit un titre sur ma feuille.
3. J'ai écrit la date sur ma feuille.
4. J'ai écrit mon titre sur ma feuille de titres.
5.
6.
7.
8.
9.
10.
11.
12.
13.
14.
15.

Suivi d'écriture

Date / Nom				
	B L C D R	B L C D R	B L C D R	B L C D R
	B L C D R	B L C D R	B L C D R	B L C D R
	B L C D R	B L C D R	B L C D R	B L C D R
	B L C D R	B L C D R	B L C D R	B L C D R
	B L C D R	B L C D R	B L C D R	B L C D R
	B L C D R	B L C D R	B L C D R	B L C D R
	B L C D R	B L C D R	B L C D R	B L C D R
	B L C D R	B L C D R	B L C D R	B L C D R
	B L C D R	B L C D R	B L C D R	B L C D R

Mon ou ma camarade vérifie

Nom : ______________________ **Date :** ______________

Mot	Essaie encore	Mot bien écrit Surligne en jaune les parties difficiles

Résultat : /

Camarade : ______________________

Liste commentée de livres jeunesse

A. A. aime H. H.
Patti Farmer
Les Éditions Scholastic, 1998.
Amélie aime Henri. Et les conseils donnés par tous ses amis pour attirer Henri n'aboutissent qu'à des catastrophes. Si elle essayait simplement de lui parler ? Une gentille histoire qui finit par une conversation chuchotée avec votre enfant, sur le coin de l'oreiller. Des conversations tendres. Ah, l'amour...

L'ABC du roi Léon
Jean-Pierre Davidts
Boréal Maboul, Boréal, 2000.
Le roi Léon devra retourner à l'école s'il veut rédiger les invitations de son anniversaire. Il réussira. Et même l'abruti de la classe sera invité !!!
Une belle petite histoire, bien racontée, bien écrite. On aime ce grand Léon dépourvu...

L'affreux
Michèle Marineau
Cendrillon
Michèle Marineau
Le chat botté à New York
Josée Masse
Monstres, sorcières et autres féeries, Les 400 coups, 2000.
Trois belles adaptations, la première étant moins connue et adaptée d'un conte amérindien. Des histoires modernes et vivantes accompagnées de belles illustrations. J'ai particulièrement aimé le travail de Mylène Pratt pour Cendrillon.
Du beau, bon, pas cher !

Aïe, aïe, aïe
Colin McNaughton
Gallimard Jeunesse, 2001.
Les nouvelles aventures de Samson le cochon et de Monsieur Le Loup sont toujours appréciées.
Samson va à la mer, rencontre une fille adorable, il y trouve des bisous... et Monsieur Le Loup !
Adorable, coquin, et toujours ce loup qui revient plein de pansements !
Un seul reproche : il me semble que la qualité des dessins a diminué.
Drôle, drôle. À mettre avec le seau et la pelle.

Collection Album Dada
Éditions Mango Jeunesse, 2000.
J'ai découvert cette collection grâce à un tendre ami français qui m'a fait découvrir (ou plutôt m'a imposé) son amour des chansons de Boby Lapointe. De beaux recueils, bien illustrés, de quelques œuvres poétiques. Simplement présentés, les poèmes ou chansons sont seuls à se défendre, protégés par de belles illustrations. Une belle, belle introduction au monde poétique.
Si les éditeurs me lisent, j'aimerais leur suggérer Thomas Fersen...
Les titres : **Le Boby Lapointe, Le La Fontaine, Le Sévigny, Le Prévert, Le Rimbaud, Le Verlaine, Le Baudelaire, La Déclaration Universelle des Droits de l'Homme.**

Alexandre et les pingouins
Alain Brion
Kaléidoscope, 2000.
Comique, drôle, du Petit Nicolas de poussins. Avec une fin où tout peut recommencer.
Alexandre, poussin de zoo, aime bien séduire les passants pour avoir les bonbons. Mais voici que les pingouins s'y mettent et s'attirent les faveurs du public. Comment les en empêcher ?
Il faut voir Alexandre et ses copains déguisés en pingouins fleuris, dessiner des affiches interdisant de donner de la nourriture aux pingouins... Tordant.
Déjà publié : **Le ballon d'Alexandre**, 1999.

Alexis, le prince des nuits
Andrée-Anne Gratton
Bonhomme sept heures, Les 400 coups, 2001.
Un petit bijou !
Alexis s'endort toujours dans de drôles d'endroits. Et, immanquablement, les cauchemars se succèdent chaque nuit. Le chevalier qui sommeille en lui aura raison de tous ces malotrus !
C'est tout en rimes, c'est tout mignon. Mais quand vous verrez les illustrations ! Oh, vous direz. Admiratifs, vous serez. Il y a de quoi bénir le papier et le crayon : cette illustratrice est douée !
Un album trésor !

Allô ! Allô ?
Chris Raschka
La joie de lire, 2000.
Conversation téléphonique entre les deux héros de « Ami ? Ami ! »
Moins fort que le précédent, mais intéressant. On assiste à la conversation sans savoir ce que le deuxième répond. Que dit-il ? Nous le saurons à la fin. Toutes les hypothèses seront lancées par les enfants.
Le précédent était un éloge à l'amitié. Celui-ci est plus un essai de style. Réussi ? Oui, mais j'arrêterais là.

Allô papa, raccroche !
François David
Première lune, Nathan, 2000.
Calqué sur du vécu : ces %$#?& portables, comme ils disent en France !
Dîner d'anniversaire de papa au restaurant avec sa fille et des amis. Que reçoit-il ? Un cellulaire. Ici commencent les interminables conversations publiques et les amis s'y mettent aussi.
Une fin cocasse, avec une pointe d'ironie.

Ami ? Ami !
Chris Raschka
La joie de lire, 1999.
Un livre brillant sur l'amitié.
Simplement, c'est la rencontre de deux garçons. C'est tout.
Raconté avec brio à travers les illustrations et un texte minimaliste, direct, digne d'un rap. Les baskets, le langage cool...
Incontournable.

Un ami pour Toupie
Toupie joue à cache-cache
Dominique Jolin
Chatouille, Dominique et compagnie, 1997.
Votre enfant est tout petit ? Ne laissez plus passer une heure sans lui lire les aventures désopilantes de la souris Toupie. De la plume et du crayon de Dominique Jolin, un des meilleurs talents d'ici.

L'âne Trotto et la pluie
L'âne Trotto s'habille
Bénédicte Guettier
Giboulées, Gallimard Jeunesse, 2000.
Du Bénédicte Guettier tendre et comique, des petits clins d'œil.

Animaux affamés
Pamela Hickman
La nature et moi, Les Éditions Scholastic, 1998
Petit documentaire original et simple. Le texte de la narration est facile à lire et sous son rabat, on retrouve l'information. Mon fils s'est bien amusé à le lire et à regarder les informations sous les rabats.

Les animaux de la ferme
Les animaux sauvages
À table
Les bébés
Collection L'art pour les petits, Gallimard Jeunesse, 1997.
Une gentille collection initie les tout-petits à l'art et à la lecture. Solides, beaux, simples.

Documentaires
Les animaux de la forêt
Les animaux de la ferme
Les animaux de la jungle
Les animaux de la savane
Un livre et un puzzle, Croque-livres, 1998
Bien. Quatre livres simples qui nous apprennent le nom de maman, papa et bébé animal. Joli. En plus, on a un casse-tête à la fin. Cartonné, solide.

L'arbre en bois
Philippe Corentin
L'école des loisirs, 1999.
Ce livre, en plus d'être comique, est un immense plaidoyer pour la lecture aux enfants.
Un bureau raconte à un garçon et son chien son histoire : il a déjà été un arbre magnifique. Mais rester dans une chambre où l'on ne lit plus d'histoires ne l'intéresse pas. Allez, hop, il déménage. Qui le suivra ? Expliquer l'art de Corentin est difficile. Il écrit si différemment des autres, une écriture très orale, présente, dynamique. Il est un genre littéraire à lui tout seul. Je dévore !

À ton avis
Mem Fox
Kaléidoscope
Un album où on découvre petit à petit qui est cette femme bizarre portant le nom de Barbara Ballard. Des illustrations réalistes à observer pendant des heures. Une sorcière ? À vous de le découvrir !

Au revoir Hippo
Simon Puttock
Les Éditions Scholastic, 2001.
Une histoire touchante sur la mort, et ce qui reste après. L'histoire ressemble un peu au classique et sublime Au revoir, Blaireau (Suzan Varley, Gallimard). Hippo est l'amie de Singe. Elle est vieille et sent la mort venir. Elle prépare son ami à ce départ.
Touchant, bien illustré, plein de vie !

Au secours, les anges !
Thierry Lenain
Étoile filante, Nathan, 2000.
Les parents de Léo sont morts. On n'y peut rien. Mais justement, Léo, lui, se demande quoi faire. Ne serait-ce pas mieux de les rejoindre ? Des anges l'aideront et veilleront sur lui.
Lenain écrit des livres sur la vie, dit-il, et c'est pour cela que la mort revient dans ses écrits. Encore une fois, il trouve les mots qui inspirent. Pas mon favori de sa plume sur le sujet (voir Un marronnier sous les étoiles, pour les plus vieux), mais dois-je me plaindre ? Ce livre fait du bien et vise juste.

Le balai magique
Chris Van Allsburg
L'école des loisirs
À la suite d'une chute, une sorcière abandonne son balai à une veuve. Les voisins ne voient pas d'un bon œil ce balai qu'ils jugent diabolique. Des illustrations magnifiques.
Un album auquel je reviens souvent.

Baoum !
Nick Butterworth
Kaléidoscope, 1997.
Comment chasser cette chose énorme qui fait vibrer le sol ? Baoum ! Baoum ! Baoum ! Baoum !
C'est ce que se demande Basile le galago et les autres animaux de la forêt.
Un récit ponctué de gens qui se défilent... et qui devient une leçon sur la bravoure.
Et surtout, sachez que tout monstre n'est pas un méchant pour autant. Un texte amusant à lire avec plein de clins d'œil.

Beaucoup de beaux bébés
David Ellwand
Pastel, L'école des loisirs, 1995.
Oh, les pages que tous les parents tourneront lentement. Plein de belles photos en noir et blanc illustrant des contraires sur une double page.

Beurk ! Une histoire d'amour
Don Gilmour
Milan, 2000.
Illustré par Marie-Louise Gay : chanceux que nous sommes…
Le titre annonce bien ce livre. Un garçon n'admettra jamais qu'il aime bien la jeune fille qui vient de déménager à côté de chez lui. Il dit qu'elle est vraiment beurk ! Mais les subtilités de l'écriture nous font bien voir que ce n'est pas vrai.
La page couverture est parfaite.
Ah, l'amour, que c'est compliqué parfois d'admettre son attachement. Mais je l'admets : ce livre me plaît !

La Bible
Lizbeth Zwerger
Éditions Nord-Sud, 2001.
La Bible, je n'en parle pas, vous connaissez.
Mais illustrée par cette grande artiste, c'est autre chose.
Quelle beauté, quelle finesse, quels regards personnels sur ces histoires choisies dans l'Ancien et le Nouveau Testament.
Un incontournable pour qui aime Lizbeth Zwerger, et un beau livre pour faire la connaissance de son œuvre.

Binou en couleurs
Binou et les sons
Comment ça va, Binou ?
Coucou Binou
Dominique Jolin
Binou, Dominique et compagnie, 2000.
Vous aimez Toupie ? Vous adorerez Binou !
Quatre petits livres parfaits, mignons, justes. Dominique Jolin sait écrire pour les lecteurs débutants, avec ce qu'il faut de prévisibilité et de folie. Un Binou sympa, des mots justes : de quoi rendre accro pour la vie. Une statue à cette dame !!!

Boréal Express
Chris Van Allsburg
L'école des loisirs, 1986.
LE classique de Noël. L'incontournable. Un des plus merveilleux contes de Noël écrits dans les trente dernières années. Universel, émouvant. L'essence de Noël révélée.

Bouh Samson !
Tout à coup Samson !
Oh là là Samson !
But Samson !
Colin McNaughton
Gallimard Jeunesse, 2000.
Quoi de mieux pour les sens que d'autres aventures de Samson et Monsieur Le Loup. Ces retrouvailles en version facile de nos deux vieux compères sont adorables et comiques à la fois. Je connais peu de livres qui ont l'effet d'un verre d'eau pétillante comme ceux-ci.
Encore, encore !

Cauchemars cherchent bon lit
Gérard Franquin
Milan, 1997.
Martin, en route vers sa chambre, fait la rencontre d'abominables personnages qui se glissent ensuite dans son lit. Jusqu'à ce qu'il décide de les expulser.
Une histoire racontée avec rythme et drôlerie, et des dessins comme les enfants les aiment.
Une occasion de parler des cauchemars, d'en rire et de s'en débarrasser.

César, deux fois roi
Marcus Pfister
Éditions Nord-Sud, 1998.
On devient roi parce qu'on le mérite. Parce qu'on est digne de ce rôle. C'est ce qu'apprendra Léon, détrôné par les animaux.
Une leçon importante. Ah, si certains élus comprenaient ce petit message...

César et Isidore
Dieter Wiesmüller
Bayard Éditions, 1999.
Un singe et un manchot deviennent copains, malgré leurs différences évidentes. Quand on s'aime, ni la chaleur ni le froid ne sauraient nous empêcher de nous aimer et de nous voir.
Le texte est charmant, accentué par ces répétitions qui le rendent familier. Les illustrations sont superbes : on rêve en admirant les scènes dans l'Arctique avec la baleine, dans la jungle avec l'éléphant, de la chaleur et du froid évoqués. Une très belle histoire sur l'amitié, et sur le bienfait des différences.

C'est chouette d'être un canard
Joan Rankin
Pastel, L'école des loisirs, 1998.
Blandine, dernier canard sorti de son œuf, va explorer le vaste monde, une moitié de coquille sur la tête. Donc, sa vue est partiellement bloquée. Vous me suivez ? Elle rencontre M. Jambes-poilues, qui deviendra, à mesure qu'elle grandit, M. Jambes-poilues, Queue-touffue-Museau-pointu... Vous voyez venir, non ?
C'est dynamique, ça roule, et la scène finale de la poursuite vaut n'importe quel film d'action !

C'est un papa
Rascal
Pastel, L'école des loisirs, 2001.
Oh, du pur Rascal : une plume extraordinaire, une façon bien à lui d'écrire. Quel auteur à faire connaître aux plus vieux.
Papa Ours attend ses enfants. Il ne les a pas vus depuis fort longtemps. Ce sera sa première fin de semaine. Tout doit être impeccable.
Un album rare, d'une écriture originale et unique. Rascal sait trouver les mots justes qui vont au cœur. Parfois coup de poing, parfois caresse, il ne laisse personne indifférent.
Et je vous mets au défi de trouver un père qui ne voit ses enfants que les fins de semaine qui ne craquera pas lors de cette lecture.

Chapeau magique
Sorcière et chat
Petit ogre vert

Mes premières découvertes de la lecture, Gallimard Jeunesse, 1997.

Une collection qui utilise des pages transparentes, des pages miroirs, des perforations et des collants. Je me suis dit en regardant distraitement ces livres, oh non, encore des livres gadgets sans substance.

Eh bien, non. Les trois histoires sont bien écrites, se servent bien du médium. Les pages sont belles et le livre solide. Du plaisir à lire.

Charlotte et l'écureuil

Simon James

Autrement Jeunesse, 1999.

Une histoire simple, romantique, faite de ces rires quotidiens, de ces éclats de sourire.

Grand-Père et Charlotte vont en forêt et voient un écureuil. Charlotte voudrait bien le garder, mais Grand-Père est contre. Comment la convaincre ?

Le dessin de Simon James est simple mais efficace. On sent les émotions, on rit des aventures, on aime la complicité. Un beau livre dont la simplicité apparente n'est que la preuve du talent de l'auteur.

Charlotte visite New York

Doris Dörrie

Ravensburger, 2000.

Charlotte visite New York et y perd son mouton-doudou Éric. New York est une grande ville : où est-il ?

Délicieux à souhait et superbement illustré. En plus, le livre est accompagné d'une peluche d'Éric, à tenir dans sa main. L'impression d'être cajolé.

Le chasseur d'arc-en-ciel

Yayo

Monstres, sorcières et autres féeries, Les 400 coups, 1998.

« Dans un lointain pays d'Orient, un petit Noir et Blanc était un jour sorti d'un pot d'encre de Chine. »

Mais en se découvrant tout terne, « Il décide donc de partir à la recherche d'un arc-en-ciel. »

Yayo raconte ici une belle histoire où son style dépouillé d'illustrateur convient à merveille. Je ferais des affiches avec le dernier dessin où le bonhomme repose dans son hamac. Tous ceux qui la verraient souriraient. Un livre sur le bonheur.

Dans la même collection, je vous recommande fortement **Hansel et Gretel**. Toujours bon, raconté et illustré par des gens talentueux de chez nous.

Le chat botté

Charles Perrault

Éditions Nord-Sud, 1999.

Une belle réécriture et de belles illustrations agrémentent ce texte toujours aimé, toujours voulu.

Chez le coiffeur

Pef

Folio benjamin, Gallimard Jeunesse, 1999.

Deux histoires, deux coiffures, un gars, une fille, une rencontre au milieu du livre.

Je trouve personnellement que parfois, Pef en fait trop, de jeux de mots. Mais ici, non : une gentille histoire d'amour racontée avec tendresse et drôleries. C'est étrange, mais à la fin de ma lecture, j'ai voulu relire Cet amour de Bernard, du même auteur. Chaud.

Chopin

Catherine Weil

Vivaldi

Olivier Beaumont

Gallimard Jeunesse Musique, 1999.

Un beau livre, un cd audio. Un couple parfait. Chopin et Vivaldi racontés, le tout accompagné d'extraits bien choisis. Ça se laisse écouter, on se laisse bercer. Bon pour le cœur, bon pour la tête. Un beau cadeau. La collection est excellente.

Choupette et Maman Lili

Gilles Tibo

Carrousel, Dominique et compagnie, 1998.

La mère de Choupette est malade. Malade des livres. Elle lit tout le temps, partout. Quoi faire ? Comment la guérir ?

Illustré par Stéphane Poulin (Petit zizi), voici un petit roman plein de couleurs et de sourires.

Chut, il ne faut pas le dire à M. Le Loup

Colin McNaughton

Gallimard Jeunesse, 1999.

Sixième de la série, je ne m'en fatigue pas ! Les aventures du cochon Samson et de M. Le Loup me charment toujours.

Dans celui-ci, M. Le Loup tente de retrouver Samson, caché quelque part. Où ? Mais chut, il ne faut pas le dire à M. Le Loup. Le seul problème est que le loup dérange de nombreuses personnes dans sa quête et qu'elles ne sont pas tendres envers lui. De page en page, le loup se retrouve de plus en plus blessé, et nous, de plus en plus tordus de rire.

Adorable, drôle, délectable ! Lire aussi les autres titres : **Tout à coup !, Bouh !, But !**

Cinquième

Norman Junge

L'école des loisirs, 1998.

Ce livre simple, intéressant sur le plan des mathématiques, raconte la visite de jouets chez le docteur-réparateur.

Malgré cette simplicité du texte, les illustrations nous rendent complices de ce cher cinquième, dernier à entrer dans le cabinet. Bien.

50 jours pour devenir méchant
Ian Whybrow
Roman 8 et plus, Casterman, 1997.
Petit Loup quitte la maison pour joindre l'oncle, un vrai méchant loup qui, dit-on, dirige une école de loups. Il doit y apprendre la vraie méchanceté. Il n'apprendra pas ce qu'on croit.
On suit le quotidien de Petit Loup à travers 50 lettres envoyées à ses parents. Très drôle, et les illustrations de Tony Ross sont excellentes.
Succès garanti. À lire à haute voix.

Colères
Agnès Rosenstiehl
Petite collection de peinture, Autrement, 2000.
À partir de détails de tableaux, la colère est évoquée et explorée. Une très belle collection toujours axée sur des thématiques. À la fin, nous retrouvons les tableaux et les peintres. Très beau, mais à regarder avec les enfants. Cette collection demande un accompagnement.

Comment ça va?
Claudia Bielinsky
Casterman, 1998.
Un chien adorable vit plein d'émotions et de sensations. Texte et illustrations tendres.

Copain comme un cochon
Mark Teague
Milan, 1997.
Jules Bouchon ne fait pas le ménage de sa chambre. Sa mère lui dit que c'est pire qu'une porcherie. Ben, justement, les cochons s'installent...
On était là, six, à se tordre à la lecture de ce livre. Une de mes copines parlait de l'offrir à son adolescente de 16 ans. C'est vous dire la justesse des propos.
Des dessins qui parlent, des cochons sympathiques, des couleurs chaudes.
À ne pas laisser traîner!

Cot-cot, coin-coin
Alain Broutin
L'école des loisirs, 1998.
Petite histoire d'un bébé canard perdu. Prétexte pour jouer avec l'écriture et le cri des animaux. On admire l'art.
« Maman canard resta coin-coin ! Resta coin-coin ! Resta coincée. [...] Un gros biquet vint à passer et les voyant bien emmêe-mêe ! Emmêe-mêe ! Bien emmêlés [...] »
Très agréable à lire à haute voix, et comme c'est illustré par Michel Gay...

Coyote mauve
Cornette
Pastel, L'école des loisirs, 1997.
Un coyote mauve apparaît. Curieux, un garçon le questionne. Pourquoi ? Sa curiosité sera drôlement récompensée... Insolite et comique, attendez-vous à être joliment surpris par une fin coup de poing. Mes élèves étaient pliés en deux ! Brise la monotonie.

Dans la cour de l'école
Christophe Loupy
Milan, 2000.
Une histoire d'école où tout le monde est un point, un rond. Une découverte.
Un livre à lire pour tenter le même exercice en classe : illustrer minimalement, qu'avec des ronds.

Dans la gueule du monstre
Colette Barbé
Les 400 coups, 1999.
Un monstre avec une petite bouche se fait poser une grande gueule afin de dévorer tous les animaux de la forêt. Il aura la fin qu'il mérite.
Lisez ce livre pour faire comme moi : le relire à des spectateurs captivés à chaque occasion.
Un classique, une surprise hilarante.

David à l'école
Patrick Shannon
Nathan, 2000.
L'auteur de **Non, David** récidive, et là, en plus drôle, plus fort, plus mordant. Mes élèves ?
Leurs commentaires, une semaine après : ha, ha, hi, ha, ho, ho, ha, ha, hi, ha, ho, ho, ha, ha, hi, ha, ho, ho, ha, ha, hi, ha, ho, ho, ha, ha, hi, ha, ho, ho, ha, ha, hi, ha, ho, ho !!!!!
Faites comme nous : trouvez des élèves qui correspondent aux situations décrites dans le livre.
Je me vois en rire encore dans 20 ans.

David et le fantôme
François Gravel
Roman rouge, Dominique et compagnie, 2000.
David croise un chien fou chaque samedi. Personne d'autre ne l'a vu : ni son père, ni son grand-père. Il devra affronter seul ce problème.
Une histoire intimiste, à l'image d'une confidence, avec un dénouement heureux où les peurs que l'on affronte se transforment pour le mieux. Bien, bien. Et en plus, c'est illustré par Pierre Pratt.

De la petite taupe qui voulait savoir qui lui avait fait sur la tête
Wolf Elbruch
Les 400 coups, 1998.
Un livre génial que j'aurais aimé écrire. Un succès à tout coup devant n'importe quel auditoire.
Une taupe reçoit une crotte sur la tête et part à la recherche du coupable. Qui est-ce ?
Je le répète : génial !

Le dé-mariage
Babette Cole
Seuil Jeunesse, 1997.
« ...et deux parents toujours de bonne humeur, heureux d'être à jamais séparés, pour le meilleur et pour le pire... »

Ainsi se termine l'album de cette britannique loufoque et audacieuse. Elle invente une cérémonie religieuse du nom de dé-mariage. Une meilleure solution que les chicanes incessantes auxquelles nous assistons parfois. Par un texte accompagné de dessins fous, elle explique la mésentente qui s'installe chez quelques couples et tente, à sa façon, de minimiser cette séparation inévitable. Pour rire !

Dents pointues
Grandes oreilles
Petits yeux
Petits nez
Jane Cabrera
Milan, 2001.
On découvre les petites parties du corps des animaux… et les nôtres. La fin est une page miroir.
Quatre petits livres parfaits pour débutants. Peu de texte, des illustrations qui aident à lire, une fin comique. De quoi donner le goût d'en écrire soi-même. À mettre entre les mains de lecteurs avides qui débutent. Laisser ensuite le livre faire son travail !

Les deux goinfres
Philippe Corentin
L'école des loisirs, 1997.
Philippe Corentin se considère comme un simple gribouilleur et dit écrire pour réveiller les enfants, plutôt que pour les endormir. C'est un génial raconteur. Ses histoires sont déconcertantes, stimulantes et différentes. Un don d'invention difficile à surpasser. Pierre Foglia du journal *La Presse* disait justement à propos de **L'ogre, le loup**, ... que c'était un des meilleurs albums qu'il avait lus. Que dire de plus ?
C'est l'histoire de Bouboule, un gourmand comme il s'en fait peu. Un soir, après s'être goinfré (et pas à peu près), sa maison se transforme en bateau et les choux à la crème en pirates !
Des illustrations remarquables et comiques. À lire avant de manger...
Lire aussi :
L'ogre, le loup, la petite fille et le gâteau, 1995.
Papa, 1995.
Plouf, 1991.

Devenir frère ou sœur
Élizabeth Brami
Petits bobos, petits bonheurs, Seuil Jeunesse, 2000.
Une autre réussite poétique et naïve de l'auteur Des petits riens.
Voici donc les malheurs et les bonheurs d'être frère ou sœur : c'est parfait, évocateur, tendre. Un livre pour tous les âges, qui traversera les époques et les modes. Vite, un bain mousseux, un être cher, une lecture intéressée. Souvenirs pour vous, clins d'œil pour les enfants.
Aussi : **Grandir.**

Devine combien je t'aime
Sam McBratney
Seuil, 1994.
Peu de livres sont aussi touchants.
Petit Lièvre Brun essaie de trouver la phrase qui expliquera combien il aime Grand Lièvre Brun. Chacun fait mieux que l'autre, jusqu'au dénouement final qui vous arrachera un soupir.

Dieu est un lapin
Paul Verrept
Pastel, L'école des loisirs, 2000.
Un garçon qui reçoit des jumelles se demande s'il pourra observer Dieu. Et que voit-il ? Un lapin, qu'il pense être Dieu. Suit une série d'observations sur la vie familiale de Dieu.
Naïf. Un baume.

Le dimanche de Madame B
Madame B à l'école
Madame B au zoo
Bénédicte Froissard
Les petits albums, Les 400 coups, 2001.
Voici trois albums qui annoncent des moments heureux : l'auteure en prévoit une vingtaine d'autres. Et après lecture de ceux-ci, on les attend avec impatience !
Madame Froissard est l'auteure du brillant **Les fantaisies de l'oncle Henri**, un album paru chez Annick Press il y a déjà trop longtemps. Madame B est un personnage original, oscillant entre le sérieux et le loufoque, l'impertinence et le conformisme. Les illustrations de Mylène Pratt sont plus que parfaites : elles SONT Madame B ! Difficile de l'imaginer autrement.
Les enfants riront et s'attacheront. C'est déjà beaucoup, non ?

Doc Lapin, le grand défi
John Agard
Milan, 1998.
Un dessin fou de Korky Paul, deux brutes ennemies, un lapin-héros irrévérencieux et un scénario solide.
Pour rigoler fortement.

Les doigts dans le nez
Alan Metz
L'école des loisirs, 2000.
Un cochon sera sauvé du loup par deux mauvaises habitudes : fouiller dans son nez et péter !
Drôle, impertinent, délinquant, un succès assuré auprès de vos élèves. Préparez-vous à le relire et à le prêter souvent !

Le doudou perdu
Ian Whybrow
Kaléidoscope, 2000.
Une belle page de garde, un dessin joyeux et cajoleur, et des visages attendrissants.
En visite chez grand-papa, Tom cherche son doudou : où est-il ? Aidé par les animaux de la ferme, il le trouvera, naturellement.
Avec de l'entraide, on peut tout réussir ! Un bel album.

Drôle de maman
Élisabeth Brami
Seuil Jeunesse, 2000.
Que fait maman pendant que je suis à l'école ?
Tout en rimes et en douceur, Élisabeth Brami explore cette question avec brio. Je suis un inconditionnel !

L'écharpe rouge
Anne Villeneuve
Les 400 coups, 1999.
Je dois admettre tout d'abord que je ne raffolais pas du style d'Anne Villeneuve. Bien, correct. Mais ce qu'elle vient de réaliser ici est tout à fait hors de l'ordinaire. Un magnifique album où l'illustratrice s'est trouvée.
L'album commence par la phrase *«Un autre petit matin gris, se dit Turpin le chauffeur de taxi...»* et c'en est fini pour le texte. Turpin essaie de retrouver le propriétaire de l'écharpe rouge oubliée dans le taxi, le tout raconté en images. Les couleurs, les regards, les lignes, les situations... Je vous dis, un album délirant et magique. Et carrément exceptionnel. Vivement du nouveau Anne Villeneuve.

Écoute, Émile
Helen Lester
L'école des loisirs, 1997.
Vous avez un enfant qui semble ne pas vous entendre ? Dans la lune ? Voici le petit livre pour lui. Malgré ses grandes oreilles, Émile le lapin est ailleurs quand ses parent lui parlent. Dommage, car il n'entendra que partiellement la mise en garde à propos de l'Affreux Mal-Léché !
Des dessins chaleureux, une histoire drôle, des physionomies parfaites et en plus, un méchant... méchant !

Edmond et Amandine
Christiane Duchesne
Dominique et compagnie, 1999.
Une superbe histoire d'amour. Edmond, notre raton favori, ne pense qu'à Amandine et au jour où elle lui avouera son amour. Le fait qu'elle soit propriétaire d'un magasin de bonbons y est-il pour quelque chose ? Et pourquoi ne lit-elle pas les billets doux que lui laisse Edmond ? Sait-elle lire ?
Des dessins parfaits aux traits forts, un livre magique, le meilleur des Edmond.

Edmond, le prince des ratons
Christiane Duchesne
Dominique et compagnie, 2000.
Edmond, Edmond ! Depuis sa conquête d'Amandine, on en redemande.
Le Prince Edmond part à la recherche du monstre, d'un monstre, de n'importe quel monstre !
Comme toujours, les illustrations de Beshwaty sont parfaites. Grâce à lui, Edmond est intense et humain.

Émile et Lucette
Christel Desmoinaux
Matou, L'école des loisirs, 1999.
Émile le chat vit seul et heureux. Jusqu'à ce qu'il rencontre Lucette, qui changera sa vie.
C'est mignon, c'est drôle, c'est touchant. Des illustrations comme les enfants les aiment.
Il faut les voir dormir dans le même cageot ! Un élève a tout fait, tout, pour que je le lui donne...

Entrez dans la danse
Anita Jeram
Gründ, 2000. À partir de 3 ans.
Cannetille, jeune poussin, et Missouris, jeune souris, sont les bébés adoptifs d'une famille lapin.
Partageons leur quotidien amoureux et familial au fil des pages.
L'illustratrice de **Devine combien je t'aime**.

Collection En visite chez les animaux
Collection Mes premiers mots
Québec/Amérique Jeunesse, 2000.
Deux séries idéales pour le lecteur débutant.
La première comble une lacune : il y a peu de livres informatifs faciles à lire pour nos apprentis lecteurs. Les photos et les illustrations sont vivantes, et sont accompagnées d'un texte simple qui colle bien à l'image.
La deuxième est un imagier, elle souffre un peu de la froideur des images générées sur ordinateur. Le concept est bon, la lecture correcte, mais...
Je recommande quand même les deux puisque nous avons besoin de ces livres que je-peux-lire-tout-seul-et-ne-suis-je-pas-le-meilleur-lecteur !

L'érablière de mon grand-père
Margaret Carney
Les Éditions Scholastic, 1997
À l'aide d'illustrations évocatrices et réalistes, l'album raconte les vacances d'un jeune garçon à l'érablière de son grand-père. Une réussite. Vivement d'autres qui expliquent et transmettent des traditions aussi bien que celui-ci.

Et dedans, il y a...
Jeanne Ashbé
Pastel, L'école des loisirs, 1997.
Un livre qui a mérité le prix Sorcières.
Qu'y a-t-il dans la valise, le ballon... et maman ? Bien fait, bien beau.

L'été de la moustache
François Gravel
Les grands albums, Les 400 coups, 2000.
Après avoir lu ce conte savoureux, vous ne regarderez plus jamais un vol d'outardes de la même façon !
Monsieur Antoine et Monsieur Vincent. Deux amis, deux métiers. Un vend des moustaches, l'autre des chapeaux. Le premier proposera au second une moustache secrète, attachante, touchante. Sa vie en sera changée.

Un conte raconté avec brio, le parfum vieillot est accentué par les illustrations à l'ancienne d'Anatoli Burcev.
Un album à odeur de vapeur et de crème à raser chaude !

Et puis après... on sera mort...
Élisabeth Brami
Seuil Jeunesse, 2000.
Simplement, avec les mots qu'elle sait si bien écrire, l'auteur présente la mort sans artifice, avec honnêteté.
C'est sobre, richement illustré avec des couleurs fortes.
Bien oui, il faut en parler. Aussi inévitable que la mort.

Et ta sœur
Mon papa
Rascal
Pastel, 1999.
Deux petits livres simples, courts, mais au point. Attachants.

Fables de la Fontaine
Jean de La Fontaine
Milan poche cadet, Milan, 2001.
Le plaisir de ces rééditions de classiques réside toujours dans la qualité graphique et les illustrations. Disons qu'ici, l'illustrateur dessine avec brio ! Ses personnages sont forts, avec des personnalités très présentes. Il faut voir le renard, et cette laitière ! En plus, c'est tout en couleurs et à un prix presque ridicule.

Les fantômes au Loch-Ness
Jacques Duquennoy
Albin Michel, 1997.
Henri, Georges, Édouard et Lucie, nos fantômes sympathiques, partent photographier le monstre du Loch-Ness. Ils regarderont ailleurs quand il se pointera ! Une complicité entre le texte et les illustrations rendent ce livre attachant, drôle et simplement accrocheur.

Fenouil, on n'est plus copains !
Brigitte Weninger
Éditions Nord-Sud, 1999.
On lit les aventures de Fenouil comme on sommeille sous une couette chaude le matin, qu'on nous y apporte un chocolat chaud, près d'un feu de bois. L'histoire est jolie mais prévisible. Fenouil et Tony sont amis. Chicane. Plus copains. On redevient copains en reconnaissant les qualités de l'autre, la complémentarité. La force de ces albums réside dans les illustrations de Eve Tharlet. C'est doux, c'est chaud, c'est tendre, c'est évocateur. On en redemande !
On tourne chaque page, on se laisse toucher, on flatte le papier, on nage dans le bonheur...

Le gros chagrin de Fenouil
Brigitte Weninger, Ève Tharlet
Éditions Nord-Sud, 1998.
Un album coup de cœur. Difficile de trouver plus charmant, plus tendre, plus sensible que celui-ci. Fenouil perd son petit lapin de chiffon. Et rien ne peut le remplacer. Où est-il ?
Les aquarelles d'Ève Tharlet vont droit au cœur : impossible de ne pas craquer lorsque Fenouil est triste. Un album qui cajole et rappelle. Vous vous souvenez, vous ?

Grosse colère
Mireille d'Allancé
L'école des loisirs, 2000.
Oui, oui, la colère est si grosse que Robert casse tout dans sa chambre. Il trouve que sa colère a assez duré et se débarrasse du monstre qu'il a créé. Simple et joliment illustré, le livre permet de dialoguer sur nos colères, grandes ou petites. Les enfants s'y retrouvent.

La grosse patate
Audrey Davis
Les Éditions Scholastic, 1997.
Un fermier veut déterrer SA grosse patate mais il a besoin d'aide. Viendront femme, fille, chien, chat et souris. Ensemble, ils y arriveront. Un conte traditionnel, coquin et espiègle. Les couleurs riches et fortes (le jaune et le bleu !) la répétition et le rythme de la narration font de ce conte un pur plaisir. La physionomie du chien...

Hop
Jean Maubille
Pastel, L'école des loisirs, 1995.
Mes élèves l'ont adoré pendant des mois. Un à un, les animaux sont raplatis. Mais par qui ? Tordant.

L'île aux câlins
Carl Norac
Pastel, L'école des loisirs, 1998.
La suite du merveilleux Les mots doux. Seule pour la première fois à la maison, Lola s'ennuie des câlins. Quoi faire, sinon s'en faire une île. Les dessins de Claude Dubois sont tendres, le texte est doux... Le livre est, finalement, un immense câlin.

J'ai la varicelle
Grace Maccarone
Je peux lire, Les Éditions Scholastic, 1998.
Un texte pour les lecteurs débutants qui pourront le lire seuls. Ils en seront fiers.
Je le sais.

J'apprends à compter avec le Petit Prince
Le Petit Prince et ses amis
Une journée avec le Petit Prince
D'après St-Exupéry
Gallimard Jeunesse, 2000.
Trois livres simples, mignons, adaptés de l'œuvre de St-Exupéry. Faciles à lire, mais il faut connaître l'histoire du Petit Prince. Apprivoiser...

Le jardin de Lydia
Sarah Stewart
Syros Jeunesse, 1997.
Un bel album sur la crise des années 1930.
Lydia doit aller rester chez son oncle boulanger jusqu'à ce que tout aille mieux. Un oncle taciturne et une Lydia jardinière... Le tout raconté par les lettres de Lydia.
Vous vous doutez bien que l'oncle va sourire. Ou presque. Mais le charme de ce livre réside dans les confidences des lettres et le désir de plaire et de surprendre cet oncle. La page finale où l'oncle serre Lydia dans ses bras est craquante.
J'ai aimé la tendresse de ce livre, cette complicité désirée. Un livre à lire et à relire.
En plus, c'est une excellente façon de raconter une autre époque.

Je n'aime pas ma boucle !
Hans Wilhelm
Les Éditions Scholastic, 1998.
Un petit livre très facile à lire, et dont la moue du chien fera rire.
C'est simplement l'histoire d'un chien qui n'aime pas sa boucle. Les enfants adorent !

Jérémie apprend à lire
Jo Ellen Bogart
Les Éditions Scholastic, 1997.
Ne sachant pas lire, grand-papa Jérémie retourne à l'école.
Un regard touchant sur l'analphabétisme et l'apprentissage. Si on ne sait pas lire, on peut quand même enseigner et connaître plein de choses.

Je suis revenu
Geoffroy de Pennart
Kaléidoscope, 2000.
Le 3e de la série, peut-être le plus drôle. Ce coquin de loup, qui annonce son retour dans tous les journaux, dit tout haut vouloir manger des gigots. Mangera-t-il ses anciennes connaissances : les sept biquets, Pierre, le Petit Chaperon rouge, les Trois Petits Cochons ? Oh, il s'annonce, mais ne se doute de rien !
La lecture des mésaventures de ce loup attachant fera en sorte que vous voudrez lire les deux premiers livres de la série :
Le loup sentimental, 1998.
Le déjeuner des loups, 1998.

J'étais comment quand j'étais bébé ?
Jeanne Willis
Gallimard Jeunesse, 2000.
Un garçon interroge sa mère : « J'étais comment, quand j'étais bébé ? » Commence ainsi une ronde de questions posées par différents bébés animaux pour finir avec la grenouille, qui était bien différente quand elle était bébé.
Une merveilleuse exploration d'un beau sujet.

Joséphine a disparu
Moka
Mouche, L'école des loisirs, 2000.
Sara passe les vacances d'été avec ses deux cousines. Elle aime bien la petite, Christina, mais moins la grande, Ludivine. Joséphine, la poupée favorite de Christina, disparaît. Il faudra les efforts des deux grandes pour la récupérer.
Un excellent premier roman sur la solidarité, mais aussi sur les préjugés.

Le jour de la tornade
Georgia Graham
Archimède, L'école des loisirs, 2000.
Une tornade s'abat sur une ferme laitière albertaine. Mathieu et son père y échapperont de justesse, mais la ferme est détruite.
Une belle personnalisation d'une catastrophe, ainsi qu'un regard sur l'entraide et l'amour familial. Le livre finit sur un beau moment entre un père et son fils. De la catastrophe au plus important.

Joyeuse Pâques, Fenouil !
Brigitte Weninger
Éditions Nord-Sud, 2001. À partir de 5 ans.
Bon, c'est Fenouil, Ai-je besoin d'en dire plus ?
Encore une fois, un livre adorable, cajoleur, et illustré parfaitement par Ève Tharlet. Comment résister ?

Joyeux Noël Toupie
Toupie aime Toupie
Dominique Jolin
Dominique et compagnie, 2000.
J'aime Toupie ! J'adore Toupie ! Et ces deux nouveaux sont, comme les précédents, exceptionnels. Dominique Jolin est au summum de son art dans cette série. À mon sens, le meilleur de cette auteure.

Kirikou et la sorcière
Michel Ocelot
Milan, 1999.
Conte exotique et différent se passant en Afrique.
Kirikou se met au monde lui-même, va à la recherche de la sorcière qui a enlevé les hommes du village, la guérit de la haine qui l'incitait à faire du mal et sauve le village.
On est loin des chapeaux pointus, mais on est plus près de cette magie qui baigne le quotidien de ces villageois... Les illustrations de femmes aux seins nus choqueront certaines personnes, mais ce conte ouvre l'imaginaire des enfants à d'autres formes et d'autres réalités. Il faut se laisser imprégner.

Koala câlin
Vera de Backer
Kaléidoscope, 1997.
« Les perroquets volent, les opossums se balancent, les poissons nagent [...] mais moi je ne sais rien faire. »
Mais Koala sait faire des câlins et c'est bien plus important que tout le reste. Illustrée tendrement et racontée avec finesse, voici une histoire qui caresse. Et qui raconte l'essentiel.

La leçon de piano de Madame Butterfly
Suzanne Janssen
Milan, 1999.
Inclassable.
L'auteure se rappelle ses leçons de piano chez Madame Butterfly, un professeur qui aime la musique, qui vit la musique. Elle fait les repas de ses élèves, donne une double part aux zélés musiciens, les emmène visiter des expositions, les écoute. Bref, elle les aime !
Au-delà du texte, les illustrations modernes et extravagantes donnent vie et forme à Madame Butterfly, et font écho à la musique. Un album resplendissant et vital.

La leçon d'hypnotisme
Des vacances de génie
Calligram, 1998.
Voici deux livres qui feront la joie des 6-8 ans. De petites bandes dessinées, mettant en scène Bugs Bunny et son groupe. À mettre dans sa poche et à lire n'importe où. J'ai eu de la difficulté à les arracher à mes élèves pendant les critiques. Pas les livres du siècle, mais c'est amusant. Un peu comme les Télétoon, à petite dose !

Léon et Bob
Simon James
Autrement Jeunesse, 1999.
Une histoire intrigante à propos de ces deux copains. Mais on ne voit jamais Bob. Est-il imaginaire ? A-t-il simplement déménagé ? Ce père disparu ? Les enfants se perdent en conjectures et hypothèses. Il faudra donc relire ! Une belle histoire racontée gentiment en texte et en images par Simon James. Allez. Répondez : qu'est-ce qu'un véritable ami ?

Lizi, la souris la plus forte du monde
Udo Weigett
Éditions Nord-Sud, 1998.
Vous vous êtes déjà réveillés un matin avec le sentiment d'être tout-puissant ? Non ? Oui ? Bien, c'est ce qui arrive à Lizi, qui va jusqu'à défier l'ours. Mais elle a oublié que c'était le jour de son anniversaire. Les autres lui offriront la victoire.
Une page couverture d'un jaune vivant et percutant. Une histoire très drôle.

Le loup
Histoires d'animaux
Bayard Éditions, 1998.
Cette encyclopédie simple est divisée en deux parties. La première raconte une histoire, accompagnée de photos magnifiques et claires, et la deuxième répond à de nombreuses questions sur le loup.
Un livre qui se regarde facilement et qui invite à lire. Une très belle collection à se procurer.
J'ai aussi lu : **L'éléphant.** Excellent.

Le loup a des crocs
Marc Cantin
Milan poche cadet, Milan, 1999.
Un loup s'installe dans le frigo et refuse de quitter, malgré la demande de la famille. Trop gros, coincé, de toute façon. Comment s'en débarrasser ?
Bon premier roman bien illustré et rigolo.

Le loup conteur
Becky Bloom
Mijades, 2000.
Une histoire attachante, pour bien des raisons. Un loup veut manger les animaux d'une ferme, mais, est-ce une illusion, ces animaux lisent ?! Voulant les impressionner à cause de leur indifférence envers lui (*« Fais comme s'il n'existait pas », conseilla le canard*), le loup apprendra à lire. Il voudra faire partie de ce cercle intime. Il réussira. Il faut lire ses premiers essais de lecture, qui sont en même temps une critique de certains textes que l'on donne à lire aux élèves.
Un texte heureux. Et oui, lire rapproche et libère. L'illustration finale, sur la page de garde, n'est que du bonheur.

Loup-Rouge
Loup-Rouge et Lili Chaperon Rouge
Loup-Rouge, petit garou
Domitille de Pressensé
Kid Pocket, 1998 et 1999.
Oh, un grand coup de cœur. Les aventures de Loup-Rouge sont amusantes, coquines et rigolotes. Achetez ces trois petits romans agrémentés d'illustrations en couleur, riez, passez-les à des copains. Mieux que bien des friandises... et moins cher. Nous avons dévoré ces trois bijoux.

Loup-Rouge à l'école des enfants
Domitille de Pressensé
Kid Pocket, 2000.
Là, moi, je pense qu'on arrive au bout du rouleau. Un peu lassé, un peu moins charmé.
Mais je sais que les amants de ce beau petit loup rouge qui peut se transformer en humain seront ravis. L'auteure devrait arrêter pendant qu'il est encore temps.
Ce sera peut-être votre dernier. Un bon dernier, mais assez, c'est assez.

Loup-Rouge et les cartes magiques
Domitille de Pressensé
Kid pocket, 2000.
Comment résister à un autre Loup-Rouge ?
Loup-Rayé, grâce à ses cartes magiques, peut deviner l'avenir. Mais certains prennent les prédictions trop au sérieux...
Les dessins, mignons et drôles, sauvent un texte où l'on sent un peu l'essoufflement de l'auteure. C'est bon, les enfants aimeront, mais un petit quelque chose agace : l'histoire aurait dû être mieux ficelée. Mais bon, c'est Loup-Rouge, on peut pardonner un petit recul à un être cher. Attention au prochain !

Mademoiselle Sauve-qui-peut
Philippe Corentin
L'école des loisirs, 1997.
Un pied de nez au traditionnel Petit Chaperon rouge, raconté avec vivacité et de façon impertinente.
Bizarre, étrange, parfait !

Mais où est donc Ornicar ?
Gérald Stehr
Archimède, L'école des loisirs, 2000.
Rentrée scolaire : Ornicar, l'ornithorynque, ne sait pas avec qui se placer. Doit-il être avec les buveurs de lait, les animaux à bec ou ceux qui ont une fourrure ? Un questionnement qui obligera l'enseignante à repenser sa façon de classer les enfants.
On retrouvera à la fin deux belles pages qui expliquent aux enfants la classification des animaux.
Un conte qui fera réfléchir à nos façons de faire, à ceux qui n'ont parfois pas de place dans nos classes. Et qui aidera à comprendre comment on classe les animaux. Un traité scientifique et philosophique en un seul volume avec des dessins qui font penser aux originaux d'**Alice aux pays des merveilles.**

Ma journée
Mes saisons
Doris Brasset et Fabienne Michot
Dominique et compagnie, 2000.
Deux imagiers tout en couleurs où se mêlent histoires, images et mots.
Si vous aimez Maki, vous aimerez ceux-ci.
C'est simple, direct, plaisant.

Ma maman a besoin de moi
Mildred Pitts Walter
Bayard Jeunesse, 2001.
Un garçon veut aider maman qui revient à la maison avec sa nouvelle petite sœur. Pas le temps d'aller jouer avec les copains, pas le temps de prendre une collation chez la voisine, encore moins de donner du pain aux canards avec le voisin. Comment faire pour aider maman ?
Un album tendre sur la vie d'un grand frère.

Maman adore, moi je déteste
Elizabeth Brami
Seuil, 1999.
Ceci n'est pas mon préféré, mais c'est toujours charmant et toujours attendu. Élisabeth Brami décrit quelques situations adorées par l'une, détestées par l'autre. On se reconnaît, on se souvient. Vous aurez des regards tendres, des sourires complices.
Cette lecture donne l'occasion de se replonger dans les autres titres de la même auteure et de s'en délecter : **Les Petits Bonheurs ; Les Petits Riens ; Moi j'adore, Maman déteste ; Manger et Dormir, dans la collection Les Petits Bobos, les petits malheurs.**
La plus belle initiation à la poésie que je connaisse.

Les mamans, on les aime comme ça !
Les papas, on les aime comme ça !
Laura Numeroff
Bayard Éditions, 1999.
C'est un seul et même livre. D'un côté les papas, et de l'autre, les mamans. Mêmes situations ou presque. Un petit texte simple et prévisible, un regard amoureux sur les parents, des images attachantes.
De l'auteure de **Souris, tu veux un biscuit ?**

Matou n'aime pas le rose
Karen Wallace
Autrement Jeunesse, 2001.
Les enfants furent séduits : ce matou est charmant.
Matou aime toutes les couleurs, sauf le rose. Et quand sa maîtresse décide de peinturer la maison en rose, alors là, non, ça ne va plus.
Il découvrira plein de choses qui sont roses, belles et goûteuses.
Un brin magique, un brin pédagogique.

Matty et les cent méchants loups
Valéri Gorbachev
Éditions Nord-Sud, 1998.
Alors là, Matty le lapin exagère. Cent loups dehors ? Cinquante, tu dis ? Onze, peut-être ? Finalement, maman s'occupera de la famille apeurée.
Cette histoire finira comme dans la plupart des familles : dans le lit de maman.
Un dessin vivant et expressif en fait un album que les enfants adorent.

Mes grands contes classiques
Collectif
Nathan, 2000.
Dix-huit contes traditionnels de Grimm, Perrault et Andersen, illustrés avec charme, et une belle et sobre facture graphique.
De quoi passer de beaux instants en famille ou en classe.

Le mien et le tien
Peter Geibler
Milan, 2000.
Quel beau poème… un poème qui y gagne à chaque relecture. De petits mots qui se perdent dans ces grandes illustrations. Mais qu'est-ce que le mien, et qu'est-ce le tien ? Je n'arrête pas de lancer mes hypothèses.

Milton et le corbeau
Milton chez le vétérinaire
Haydé Ardalan
La joie de lire, 1999.
Graphiquement impeccables, en noir et blanc, un regard juste sur la vie de ce chat. C'est hilarant ! Du Indiana Chat Jones ! J'ai aimé énormément et les enfants aussi. Un texte court où les illustrations font le travail. Un dessin complice, drôle, moderne. Reliure cartonnée.

Moi j'adore, maman déteste
Élizabeth Brami
Seuil Jeunesse, 1997.
Voici un livre tendre et parsemé de clins d'œil à cette vie avec un enfant. Accompagné d'illustrations drôles aux couleurs fortes, et d'un graphisme brillant, l'auteur fait la liste de ce que votre enfant aime et pas vous. Des exemples ?
Qu'on ait envie de faire pipi dans les magasins.
Qu'on ait la fièvre le lundi matin.
Le manche de cuillère plein de confiture, de beurre ou de chocolat.
Un livre touchant, symphatique, beau, nostalgique, vrai. Une rencontre importante entre le texte et l'humain.

Monamour
Babette Cole
Seuil Jeunesse, 2001.
Un Babette Cole réussi !
Un chien nommé Monamour, nous parle de ce qu'est l'amour, illustré de façon parfois impertinente.
Rigolo, touchant. Des illustrations à mettre en affiche : la couverture est un éloge de la tendresse et des câlins.

Mon dragon à moi
Jerdine Nolan
Milan, 1999.
La couverture d'un orange feu frappe et attire. On s'attend à du bonbon. Et ce l'est.
«Papa avait un don pour cultiver les champs, moi j'en avais un pour élever les dragons. Il y a des choses comme ça que vous savez. »
Ainsi se termine ce très beau conte, magnifiquement illustré, d'une jeune fille qui découvre son talent qu'elle cultivera malgré les réticences de son entourage. C'est beau, c'est doux. Un livre qui devient vite un livre fétiche, celui que l'on veut tous les soirs. Un livre qui fait du bien !

Mon frangin
Babette Cole
Seuil Jeunesse, 1997.
Voici un livre en 3D irrévérencieux sur un membre de votre famille, un livre gros comme un rire à traîner dans sa poche.
Mon jeune fils a d'ailleurs trouvé que c'était un portrait juste de son grand frère !
À lire en plus : **Ma maman, Ma frangine, Mon papa.**

Mon papa
Anthony Browne
Kaléidoscope, 2000.
Un enfant évoque tout ce que son père sait faire. Il exagère plus d'une fois. Mais quand on regarde avec le cœur, on ne voit que l'essentiel.
Cherchez des petits détails presque surréalistes dans les dessins de Browne.

Mon papa Noël
Philippe Geluck
Le fils du chat, Casterman, 1999.
Vous savez, les papas ne croient plus au père Noël. C'est pour ça qu'ils ne le voient plus.
Geluck nous avait habitués à un style mordant et cynique avec sa bande dessinée du chat mais ici, surprise, il nous offre un beau petit conte tout en douceur et clins d'œil sur les papas et Noël. Adorable, mignon, doux. J'ai beaucoup aimé.

Monsieur Popotame
Gérard Moncomble
Milan poche benjamin, Milan, 2000.
Monsieur Popotame est renié par tous parce qu'il est gros. À la suite d'un régime draconien, les voisins s'aperçoivent que Popotame gros était celui qu'ils préféraient.
Drôle, intelligent. Les enfants l'ont applaudi !

Monsieur Ilétaitunefois
Rémy Simard
Annick, 1998.
Le tandem Rémy Simard-Pierre Pratt réussit à nous donner encore un conte différent et absurde, sans être niais.
Un village voit sa tranquillité troublée par un homme au nom de Ilétaitunefois. Chaque fois que l'on commence à raconter une histoire par « Il était une fois », voilà qu'il cogne à la porte, demandant qui l'a appelé !
Fou, fou.

Les monstres du Prince Louis
Louise Tondreau-Levert
Les 400 coups, 2000.
Le Prince Louis aime collectionner les monstres, mais les monstres, eux, aiment bien manger les cuisiniers. Quoi faire quand les cuisiniers se font rares ?
Un bel album pour deux raisons : un bon texte à structure répétitive où l'on se dit «Ah non, il recommence», et des illustrations naïves, audacieuses. Une mise en page plus audacieuse aurait fait de cet album un incontournable.
Mais il l'est, vous verrez !

Lè nez de Pépé
Karine Mazoyer
Seuil Jeunesse, 2000.
Une jeune fille demande au père Noël de changer son nez, sa bouche, ses yeux, et quoi encore. Pour finalement s'apercevoir que ce qui la rend unique, c'est justement ce nez de Pépé !
Extraordinaire sur tous les plans : ces illustrations-collages-3D sont un délice en soi. Combien de filles rêvent de ressembler à Britney Spears et compagnie ? Un peu moins, j'espère, après la lecture de cet éloge de tout ce qui nous rend unique.

Noël
L'art pour les petits, Gallimard Jeunesse, 1998.
Dix images de la Nativité extraites d'œuvres. On y retrouve Joseph, Marie, l'étoile... À la fin, on montre les tableaux complets. Une très belle collection pour initier à l'art.

Le Noël de Fenouil

Brigitte Weninger

Éditions Nord-Sud, 1998.

Ce livre est du bonbon. Ce Fenouil fait craquer tous les lecteurs. Fenouil est mon héros !

Non mais, est-ce normal de se laisser séduire autant par ce petit lapin ? Ève Tharlet réussit chaque fois à lui donner vie par ses illustrations douces et chaudes. Ici, Fenouil découvrira la vérité de Noël : il est beaucoup mieux de donner que de recevoir.

J'ai acheté à mes élèves un toutou de Fenouil que le chef du jour peut emporter chez lui pour la nuit. Et ma stagiaire a acheté le journal de Fenouil pour y inscrire ses exploits à la maison. Vous devinez ce qu'ils lisent, non ? Sommes-nous atteints de Fenouillite ?

M'entendez-vous soupirer ?

Le Noël de Salsifi

Ken Brown

Petit ange

Ruth Brown

Gallimard Jeunesse, 1998.

Deux superbes livres.

Le premier est empreint de tendresse. Les enfants adorent l'aventure de ce chien qui, le soir de Noël, cherche à comprendre le sens de Noël. On tombe carrément en amour avec lui !

Le deuxième est un bijou d'histoire, en plus d'être un bel exemple de complicité texte/illustration. Le soir de Noël, un petit ange refuse de descendre pour adorer l'enfant Jésus. Il boude. Tout finira pour le mieux mais pas comme vous le croyez. La surprise est géniale !

Non, David

David Shannon

Nathan, 2000.

Une révélation, un coup de cœur instantané. Hilarant et touchant.

On dit toujours non à David. Non, non, non ! Mais naturellement, David fait le contraire. David semble un vrai petit diable sauf à la fin quand maman le prend dans ses bras. L'illustration, moderne et colorée, est forte.

Un livre qui sera lu au moins 50 fois.

Non, pas le coiffeur !

Hans Wilhelm

Les Éditions Scholastic, 2001.

C'est simple, presque ordinaire. Mais le succès auprès des élèves est garanti par plusieurs facteurs :

1. Le chien est vraiment mignon.
2. Les enfants peuvent le lire seuls.
3. Le chien est vraiment marrant.
4. Le chien est vraiment, vraiment, vraiment mignon !

Collection Nous les bibis

Alain Serres

Nous les bibis, Albin Michel Jeunesse, 1998.

C'est illustré par Serge Bloch, alors là...

Une petite collection qui explore les sentiments et qui aidera sûrement le dialogue à ce sujet. Les pages se déplient pour dévoiler la résolution des problèmes.

Des livres qui devraient se retrouver sur les rayons de la bibliothèque de classe et qu'on exploiterait au moment opportun.

Les titres sont : **Moi, je sais ce que je veux ; Moi, je me mets en colère ; Moi, je suis câlin-câlin ; Moi, j'ai peur.**

Les nuits de Rose

Mireille Levert

Dominique et compagnie, 1998.

Un petit bijou où le plaisir est dans sa lecture. Un texte impeccable accompagné d'illustrations extraordinaires. Parfait.

La nuit du doudou

Didier Lévy

L'école des loisirs, 2001.

Oh, un toutou en a marre de ne jamais être choisi pour être le doudou de la nuit. Il décide donc de partir. Le chien lui barre la route et lui dévoile son amour. Un amour réciproque.

Juste pour l'image, si belle, de ce petit pingouin blotti sur le chien, cela vaut mille détours. Que c'est beau.

Olivia

Ian Falconer

Seuil Jeunesse, 2001.

Olivia est épuisante. Il faut toujours qu'elle essaie mille vêtements, se pose plein de questions, tente de nombreuses expériences. Bref, elle n'est pas de tout repos.

Un album touchant, plein de finesse, illustré en noir et blanc avec quelques touches de couleurs.

Un immense coup de cœur.

L'ombre du voisin

Pija Lindenbaum

Autrement Jeunesse, 1998.

On a tous eu ce voisin, ce personnage douteux que l'on accusait de bien des crimes. Le voici donc soupçonné d'enlèvement d'enfants. Et comme dans mon enfance, personne ne saura ce qu'il devient.

La fin est parfaite.

On a faim !

Pierrick Bisinski

L'école des loisirs, 1999.

Simple : de petits ogres ont faim. Tellement faim qu'ils menacent de manger papa et maman. C'est normal : ce sont des ogres !

Petite histoire rigolote. Impertinente, même !

On dirait une sorcière
René Gouichoux
Étoile Filante, Nathan, 2000.
Belle petite histoire facile à lire, avec une structure prévisible mais réservant une fin surprise.
Tous les membres de la famille tombent malades, à commencer par papa. Suivra maman, petit frère. Tous sauf la narratrice. Allez savoir pourquoi.
Joliment raconté, dans une collection au prix dérisoire, cartonné, pleine couleur. Presque gratuit.

Oscar et son doudou chéri
Claude Lapointe
Calligram, 2000.
Je n'ai pas particulièrement aimé : la morale est qu'on doit, en grandissant, se passer de doudou. Vrai, vrai, mais je n'aime pas qu'on traite de bébés ceux et celles qui aiment ces animaux ou autres à serrer sur soi.
Je l'ai retenu, car si on en fait la lecture lors d'une thématique, il serait bon de confronter les enfants avec sa morale et d'en discuter. À comparer avec d'autres titres et sa perception personnelle.

Où vont les bébés ?
Elzbieta
Pastel, L'école des loisirs, 1997.
Deux oursons se demandent : où est disparu le bébé qui jouait avec eux ?
C'est poétique, tendre, avec de beaux pastels où l'illustratrice laisse transparaître la texture du papier. Évocateur.
C'est aussi un peu triste. J'aurais bien aimé que les oursons retrouvent ce bébé. Dommage.
Ne croyez pas les mauvaises langues qui disent m'avoir vu parler avec un ours en peluche après la lecture...

Papa est content
Papa fait des calins
Papa lapin
Papa roi
Alain Le Saux
Lou et compagnie, 2000.
Quatre superbes, superbes titres pour nos lecteurs débutants. Un texte facile et prévisible, s'appuyant énormément sur la répétition et les illustrations. Des couleurs captivantes, un regard plein d'humour sur ce papa si adoré !
Vivement maman et le reste de la famille.

Le papa qui avait 10 enfants
Bénédicte Guettier
Casterman, 1997.
Voici l'histoire d'un papa qui a 10 enfants... et qui finit par avoir besoin de vacances ! Allez savoir pourquoi !!?
Un texte simple auquel les énumérations donnent un joli rythme. C'est un livre qui s'améliore avec chaque relecture : plus je le lis, plus je l'aime. De beaux à-plats naïfs et colorés donnent la touche finale à ce regard tendre sur la paternité débordée... mais aimante !

Le paradis
Nicholas Allen
Mijade, 1997.
Un chien meurt et doit quitter sa maîtresse. Nous assistons à leur discussion au moment de son départ vers le paradis.
Un livre comique qui cache une réflexion sur la religion et le droit à ses croyances.
Un bijou.

Par une sombre nuit de tempête
Bill Martin jr.
Milan, 1997.
Une histoire répétitive écrite avec rythme et brio. Des illustrations suggestives et dans le ton. Vous relirez de nombreuses fois avec plaisir. Pour les mots. Un délice.

Pat, l'ami parfait
Gus Clarke
Folio benjamin, Gallimard Jeunesse, 1997.
La vie en rose
Katja Reider
Éditions Nord-Sud, 1997
Deux albums sur la gentillesse. Le premier fait l'éloge de la différence et le deuxième, du don de soi. Et les deux font sourire...

Pélagie n'a peur de rien
Valérie Thomas
Milan, 2000.
Pélagie est une sorcière qui trouve le ciel moderne trop encombré d'objets volants. Quoi faire ? Elle cherche un moyen de transport pour éviter ces embouteillages célestes. Et si le problème était ailleurs ?
Les enfants se tordent de rire devant ses essais ratés.

Petit à Petit
Photographies de Tendance Floue
Rue du Monde, 1999.
On tourne les pages sans texte, admirant les belles photos en noir et blanc, regardant la vie défiler sous nos yeux. Car c'est ce que c'est : un éloge à la vie qui coule et qui passe.

Le petit canoë
Marie Bleton
Petites histoires de l'art, Les 400 coups, 2001.
L'histoire raconte les aventures de Petit canoë dans le monde Borduas. Et dans ce monde, il y a plein de fantaisies.
Original, bien écrit, ludique. Une belle façon d'explorer une œuvre de Paul-Émile Borduas.
Espérons d'autres titres qui permettront d'apprivoiser des œuvres d'art qui demandent de la réflexion.

Le petit maudit
Gilles Tibo
Ma petite vache a mal aux pattes, Soulières Éditeur, 2000.
Un garçon se sent mal aimé et se comporte comme un voyou : il lance des cailloux, se bat, emmerde tout le monde. Il rencontre Guillaume qui lui aussi se sent seul. Il a un gros défaut : aucun talent pour les bêtises mais beaucoup pour la lecture.
Bon et touchant premier roman qui cherche à donner de l'espoir. Mes élèves ont aimé et ont compris les nuances. Bravo !

Petit singe
John A. Rowe
Éditions Nord-Sud, 1999.
Cet auteur a écrit le magnifique Raoul. Le sous-titre de cet album, «Ah! si seulement il avait écouté...», annonce déjà le malheur. Petit Singe n'écoute jamais, d'où les problèmes. Apprendra-t-il suite à sa mésaventure ? Non. Mais comme l'écrit l'auteur, il avait une chance de tous les diables...
La fin est surprenante et drôle. Les illustrations de Rowe sont fortes, modernes, originales et riches. Du grand art narratif et plastique.

Petit zizi
Thierry Lenain
Les 400 coups, 1997.
Un livre où beaucoup se reconnaîtront et qui fera jaser. Stéphane Poulin, devenu illustrateur mature, signe ici une de ses plus belles réalisations. Il faut voir les différents plans, la gueule de méchant, le traitement...
Absolument MAGNIFIQUE ! Il faut dire qu'il avait au départ un texte parfait, sensible. Lenain me surprendra toujours.

Le plus grand détective du monde
Moka
Milan cadet poche, Milan, 2000.
Gilou se dit le plus grand détective du monde. Sa mère-cliente lui propose une affaire. Mais le coupable n'est pas si loin…
Petit roman tout en couleurs qui plaira à nos jeunes lecteurs. Découvriront-ils le coupable avant Gilou ?

Plus que trois jours Fenouil !
Brigitte Weninger
Éditions Nord-Sud, 2000. À partir de 5 ans.
Fenouil n'en peut plus d'attendre sa fête : plus que trois jours. Que c'est long, que de vœux à exprimer durant l'attente… Ses vœux seront exaucés, de façon inattendue, mais combien tendre et réjouissante.
Comme toujours, les dessins d'Ève Tharlet sont comme du bonbon, des sucres fondants à croquer des yeux et avec l'âme.
Vous avez deviné : j'ai craqué !

Le poisson dans le bocal
Moka
Mouche, L'école des loisirs, 2001.
Anaïs est très jolie, mais ses yeux ne regardent pas dans la même direction. Pas de problème jusqu'au jour où Danielle, la reine des chipies, débarque à l'école. Maintenant, Anaïs aimerait bien avoir des yeux comme tout le monde… Simple, vrai, fort.

Poison
Thierry Dedieu
Seuil, 2000.
Un album hors du commun, que vous ne verrez pas sur les listes des meilleurs vendeurs. Mais il le mérite. Il le mérite énormément.
Une famille cueille des champignons, les mange, en donne au chat. Quand celui-ci est malade quelques heures plus tard, la famille court à l'hôpital. Étaient-ce les champignons ?
Des illustrations en noir et en rouge, fortes, minimalistes, et peu de texte. Une radiographie d'illustration ! C'est fort, c'est dérangeant.

Poulet pizza
Philemon Sturges
Nathan, 2000.
Une réécriture sans morale du classique **La petite poule rousse**. Je ne raconte pas, vous connaissez. Ici, par contre, elle laissera manger de la pizza aux trois compères et quand elle demandera qui veut faire la vaisselle… Oui, répondront-ils, ils aideront.
Drôle, des images pleines de détails, parfait pour parler de la façon avec laquelle on traite les autres en comparant les deux versions.

Les premières fois
Élisabeth Brami
Seuil Jeunesse, 1999.
Encore, encore une fois, je tombe en amour avec un livre de poésie d'Élisabeth Brami.
Voici donc l'éloge de toutes les premières fois : la première fois qu'on est allé à l'hôpital, qu'on a reçu une lettre, qu'on a eu de l'argent de poche, qu'on a été grondé, qu'on a fait de la peine à quelqu'un, qu'on a écrit son nom...
C'est beau, c'est magnifique, c'est plein d'espoir pour les enfants, plein de souvenirs pour les adultes.

La princesse au petit pois
Hervé Blondon
Monstres, sorcières et autres féeries, Les 400 coups, 1997.
Quelle belle collection méconnue !
L'histoire, vous la connaissez. Mais attendez de voir les illustrations lumineuses d'Hervé Blondon : des pastels doux, feutrés, qui confèrent un brin de modernisme et de délinquance au texte.
Beau, beau, beau !

La princesse bleue
Ludvik Askenazy
Milan, 1997.
Envoûtant. Je ne dis rien de plus. Difficile de ne pas se laisser charmer par le ton de la narration et les illustrations.
Ensorcelant, je vous dis. On y replonge plusieurs fois et toujours cet émerveillement. Et dire que certains ne connaîtront jamais ces petits bonheurs...

La Princesse Isabeau et le Chevalier inconnu
Samuel Lautru
Les 400 coups, 1997.
Des lettres, de la correspondance, un mystère, un grand-papa cachottier (est-ce lui, oui ou non ?), des illustrations pleines et colorées, de l'humour, du grand amour, une belle princesse et un prince mystérieux. Palpitations...

Quand Réglisse a peur
Agnès Verboven
Autrement Jeunesse, 1997.
Une histoire qui interpelle les enfants : Tom, le plus peureux des petits garçons, devra aider son chien Réglisse à surmonter sa peur du tonnerre. Mignon.

Que fait la lune, la nuit ?
Anne Herbauts
Duculot, Casterman, 1998.
Un poème tout simple qui nous raconte les activités de la lune la nuit. Belles et grandes images stylisées et colorées. Ça se délecte !
Un gracieux livre pour endormir.

Quel cadeau pour le Père Noël ?
Fanny Joly
Étoile Filante, Nathan, 1998.
Le père Noël veut aussi un cadeau ! Mais qui lui en donnera ? Et que donne-t-on au père Noël ?!
Une écriture fraîche, joliment illuminée par les illustrations folles de Martin Jarrie.

Raoul
John A. Rowe
Éditions Nord-Sud, 1997.
Oh, la, la, que j'ai aimé. Ah, que j'ai adoré.
Raoul le bébé rat se fait enlever par un oiseau. Suit une série d'enlèvements jusqu'au retour à la famille. C'est beau, c'est drôle, c'est touchant. C'est écrit de façon rare. Un texte qui se savoure. Des illustrations pleine de tendresse. De la grande littérature. Moi qui hais les rats...

Raoul Taffin cosmonaute
Gérard Moncomble
Milan, 2000.
Mon coup de cœur pour ce conte loufoque et débridé. Voici un livre comme nous les aimons tous !
Raoul Taffin, jeune cosmonaute, doit livrer un message de paix aux habitants de la galaxie B4. Va-t-il réussir ? A-t-il assez de céréales ? Un pyjama de rechange ? Incertain, il quittera la Terre pour remplir sa mission, car il est le seul à pouvoir bien l'accomplir. Un livre extraordinaire, illustré à merveille avec pleins de plans en plongée, qui se termine par une magnifique double page où tout est révélé.
Et de là, d'autres aventures dans le monde fabuleux de la relecture vous attendent...

Recherche doudou désespérément
Dominique Souton
Mouche, L'école des loisirs, 2000.
Maman cherche un deuxième doudou identique au premier afin de laver celui-ci. En effet, la petite sœur de la narratrice ne peut s'en passer. Dilemme, où en trouver un autre ?
Tendre regard de la grande sœur sur sa petite, agrémenté des beaux dessins de Claude K. Dubois.

Rouge Matou
Éric Battut
Milan, 2000.
Un chat rouge. Un chat. Un chat qui découvre un œuf, qui veut le manger. Un oisillon que le chat décide de laisser grandir pour avoir un plus gros repas...Mais ça ne finira pas dans une assiette !
La gourmandise se transforme en amitié. Des illustrations simples aux couleurs fortes où le regard joue un rôle de première importance.
Alléchant !

Sacrés pistolets !
Fanny Joly
Les belles histoires, Bayard Poche, 1998.
Odilon aimerait être grand, gros, costaud et même méchant ! Mais il est petit et plutôt gentil. Il aimerait un pistolet pour se faire respecter d'Arthur. Mais l'autre aura un plus gros pistolet. Et Arthur prendra un bazooka...
Une histoire écrite joliment, avec plein de rimes. Les illustrations sont hilarantes. Bref, mes élèves de première l'ont redemandée.
Et sa relecture fut tout aussi tordante !

Sarah à l'école
Bénédicte Guettier
L'école des loisirs, 1998.
Sara voudait bien faire ce qu'elle veut à l'école, au lieu d'écouter la maîtresse. Elle joue donc avec l'encre...
Tout se joue dans l'illustration : je ne vous dévoilerai pas la fin, mais sachez que les élèves riront longtemps après la fin de l'histoire. Hilarant.

Le secret de Marie
David McKee
Kaléidoscope, 1999.
Marie partage un secret avec Anne, qui le partage avec Jacques et Paméla, qui le partagent avec André, Fred, Louis, Claire, Henriette, Olivia et Zoé, qui eux le partagent avec...
David McKee fait des histoires particulières, étranges, intrigantes. La fin est surprenante et drôle. Du beau McKee.

Le shampoing de Toupie
Toupie fait la sieste
Dominique Jolin
Dominique et compagnie, 2000.
Son clan d'admirateurs inconditionnels les dévorera. C'est ce que nous avons

fait plusieurs fois. Une aventure de Toupie est comme une grande blague, un souffle de tendresse, des retrouvailles.
Tout passe par les illustrations. Ce texte minimaliste est direct comme une gauche bien placée. J'aime.

Si la lune pouvait parler
Kate Banks
Folio benjamin, Gallimard Jeunesse, 2000.
La lune se lève et salue les éléments qu'elle rencontre alors qu'un enfant se prépare à dormir. Ils se rencontreront.
Beau et lent, un regard aimant sur la vie.
À lire avec : **Que fait la lune la nuit ?**

Siméon et la petite pieuvre
Daniel Casanave
Les 400 coups, 2000.
Siméon, célibataire, rapporte du zoo une petite pieuvre. Ainsi commence une belle amitié, toute gentille, toute drôle, toute douce. L'aventure se situe pendant l'époque victorienne dont le charme est reflété dans les illustrations de Daniel Casanave.
J'aime.

Sinbad
Ludmila Zeman
Toundra, 1999.
Vous connaissez l'histoire ? Un vilain sultan se marie avec une nouvelle femme chaque jour et la décapite la nuit terminée. Shéhérazade décide qu'elle brisera ce rituel. Elle tiendra le sultan en haleine en lui racontant une histoire qui doit se poursuivre la nuit suivante. Son stratagème fonctionne. Mais vous le saviez, bandes d'érudits que vous êtes. On doit à Ludmilla Zeman la belle trilogie de L'Épopée de Gilgamesh chez le même éditeur. Les illustrations sont magnifiques et illuminées à la manière arabe.
Un mot en passant : les actualités nous apportent toujours des nouvelles des activités douteuses d'intégristes arabes. Il serait dommage que les enfants aient seulement cette vision du monde arabe. Lire un conte comme celui-ci permet de réhabiliter cette magnifique culture à laquelle nous devons tellement.

Si tu aimes avoir peur
Rascal
Pastel, L'école des loisirs, 1998.
Un garçon nous fait visiter les horreurs qui peuplent sa maison jusqu'à la rencontre la plus effroyable qui soit...

Stella, reine des neiges
Marie-Louise Gay
Dominique et compagnie, 2000.
Marie-Louise Gay s'est ici surpassée. Une auteure à part. L'histoire est un dialogue entre Stella et Sacha qui admire sa toute première tempête de neige. Il découvre et se questionne.
C'est du gâteau. J'ai fini ma lecture ému, enchanté, touché.
Un album coup de cœur, du bonheur sur papier.

Les tableaux de Marcel
Anthony Browne
Kaléidoscope, 2000.
Un album extraordinaire à regarder lentement, à ressortir tout au long de l'année. Des arts plastiques pour l'année, ou presque...
Marcel, le héros de nombreux albums de Browne, peint ses aventures en s'inspirant de tableaux célèbres. Plein de détails, de découvertes, d'inspiration. En plus, à la fin, nous avons les vrais tableaux avec des notes explicatives.
Comme moi, vous ferez des ah !, comme moi, vous chercherez à vous en inspirer pour en apprendre plus et pour faire de même avec vos élèves. De quoi offrir de nombreux repas culturels.

Tambour et Pinpon
Un cadeau pour Tambour
Holly Hobbie
Duculot, Casterman, 1998.
Deux amis, deux cochons : un chaud bonheur émane de ces pages. Sortez les couettes et les oreillers, faites du chocolat chaud, étendez-vous : voici des livres parfaits pour flâner et câliner.
Le dessin, les visages, l'histoire, les dialogues, tout est mignon. J'ai eu le sourire tout le long de la lecture, et plein de soupirs...
Deux livres que l'on serre sur son cœur.

Tambour et Pinpon, amis pour la vie
Holly Hobbie
Casterman, 1999.
Tambour se morfond. Il a le cafard. Sans raison, comme ça. Et Pinpon essaie de le faire sourire. Mais quoi faire ? Rien, justement. Ces choses-là sont normales et partent parfois aussi vite qu'elles sont apparues. Lire et regarder un Tambour et Pinpon guérirait la pire des détresses. Un livre d'amitié difficile à surpasser. Les illustrations sont tendres et joviales, l'histoire parfaite. Vivement la relecture !

Tatie Jacotte
Thierry Lenain
Grimaces, Les 400 coups, 1999.
Vous avez aimé le film Tatie Danielle ? Ce livre est pour vous ! Si votre corps vous appartient, devez-vous accepter de vous laisser embrasser par une vieille dame méchante qui vous déplaît ? C'est le dilemme qu'une jeune fille (voir la fille de qui à la dernière page, regardez bien les photos sur la table) résoudra à travers les pages.
Encore une fois, Lenain aborde avec brio un sujet délicat. Les mots sont pesés, préservant l'intimité. Poulain se permet de jouer avec le texte et de lui ajouter des facettes importantes. Son dessin est riche, précis, avec ce brin d'épouvante qui plaira aux lecteurs. Sa Tatie est digne de nos plus grandes peurs.

Tatie Noël
Élise Primavera
Milan, 2000. À partir de 5 ans.
Sophie décide de suivre en cachette sa Tatie Noël. Celle-ci disparaît chaque année juste après l'Halloween pour ne revenir qu'après la Saint-Valentin.

Juste un voyage d'affaires, dit-elle. Vous vous doutez de quelque chose, non ? Un périple où Sophie découvrira qu'il est beaucoup plus agréable de donner que de recevoir.
Des illustrations excentriques pleines de rondeurs et de sourires et un texte complice. De quoi charmer bien des rêveurs et nourrir bien des espoirs.

Théodore le mille-pattes
Carole Tremblay
À pas de loup, Dominique et compagnie, 2001.
Théodore le mille-pattes met ses souliers pour son spectacle de danse. Il lui en manque un. Mais où est-il ? Son copain le bourdon l'aidera à le retrouver. L'histoire est bien écrite, avec du rythme (de claquettes, si j'osais...). Les illustrations de Céline Malépart sont colorées et vraies : elles parlent presque. Un bon roman policier à la portée de nos jeunes lecteurs.

Timide le loup
Geneviève Nolet
Matou, L'école des loisirs, 1999.
Timide est... ben, timide ! Pas de copains. Il décide donc d'hiberner comme l'ours. Devinez qui frappe à sa porte pour se réchauffer ? Des tas de copains potentiels !
Une belle histoire d'amitié où les illustrations prennent une place importante. Les sourires, les regards...

To'Mathilde
Pa'Tatiana
Frais'Élisa
Agathe Hennig
Gallimard Jeunesse, 1997.
Une belle petite collection où chaque titre se déguste. On y explique l'origine et la culture du végétal vedette. L'information est claire, précise et toujours accompagnée d'une recette facile à réaliser. Parfaits pour un coin cuisine de classe.

Touche pas à mon papa !
Thierry Lenain
Étoile Filante, Nathan, 2000.
Lenain va sûrement croire que je suis président de son fan club canadien !
Roman farfelu sur un personnage que l'on aime bien : notre papa. Quoi, le vôtre est mieux que le mien, vous dites ? Vous riez du mien ? Attendez un peu que je...
Voilà. Le ton est donné. Un roman qui nous rappelle que malgré ses défauts, papa sera toujours papa.
Mais le mien est mieux que le vôtre, nan !

Le trône
Gérard Moncomble
Milan, 1997.
Une histoire pour faire apprécier cet éternel petit pot !
Des animaux trouvent un petit pot. Le chat leur explique que c'est un trône car il avait bien souvent vu le petit fermier y poser son derrière en déclarant : « Je vais sur le trône ! »
Après avoir essayé sans succès de s'asseoir dessus, les animaux découvrent pourquoi l'homme est le roi.
Des dessins farfelus, un garçon nu, quelques crottes... les enfants seront conquis !

Trop petit, mon ami
Didier Lévy
Étoile Filante, Nathan, 2000.
Un prunier défie un ourson de cueillir ses prunes. Y arrivera-t-il ?
Petit roman gai, frais, naïf, comique, attachant.
J'entends déjà les enfants rigoler !

Tu pars, Petit Loup ?
Jean Maubille
Pastel, L'école des loisirs, 1998.
Un auteur qui sait écrire pour ses lecteurs débutants.
Où va Petit Loup ? Vous le saurez à la toute fin et c'est brillant. Un indice : qui va-t-on visiter quand on vit avec maman ?

Tu veux ma photo
Marie-Sophie Vermot
Neuf, L'école des loisirs, 2001.
Manda, fils adoptif, en a assez de Georges Blaise, son pire ennemi. Blaise s'amuse à l'appeler charbon et à dire qu'on l'a trouvé dans une poubelle. Les parents de Manda lui annoncent qu'ils vont de nouveau adopter et Manda a peur pour sa future sœur. Mais à l'aéroport, le jour du départ, un autre couple va adopter. Leur fils s'appelle Georges. Georges Blaise !
Un très bon roman sur la façon dont on se traite, sur nos relations avec les autres, et tout ça sur fond d'adoption internationale.
Belle plume légère, directe, sensible.

Un chat est un chat
Grégoire Solotareff
L'école des Loisirs, 1997.
La force de Solotareff est la richesse brute de ses couleurs, ses gros coups de pinceaux et un dessin naïf et gestuel.
Un chat aimerait mieux être autre chose. Sa recherche philosophique aboutira à un lapin est un lapin, un chat est un chat, et c'est très bien comme ça.
Un livre à siroter et à regarder. Baignez-vous dans ses couleurs extraordinaires.

Un dimanche chez Grand-Père
Philippe Dupasquier
Folio benjamin, Gallimard Jeunesse, 2000.
J'aime Philippe Dupasquier. Ses histoires simples et touchantes sur des événements journaliers sont uniques. Celle-ci est dans cette lignée.
Une jeune fille raconte sa journée en famille chez grand-papa. Au fil des activités de la journée, on se laisse imprégner par l'amour qui les réunit et par ce qui rend son grand-père unique. Plein de détails foisonnent dans les dessins.
Un récit touchant et tendre.

Une trottinette pour trois
Hildegard Müller
Casterman, 1999.
Voici un album tordant et sympathique.
Trois ours, trois copains. Un jour, Poil-Dur trouve une trottinette. Il la trouve plus cool que ses amis. Mais pendant combien de temps ?
Il faut le voir avec ses lunettes et son air suffisant. Les couleurs sont fortes, les illustrations attachantes, le texte enjoué, le graphisme éclaté. Un bijou que l'on s'amuse à relire et à relire. Toujours drôle !

Un fantôme très rigolo
Marc Cantin
Milan poche cadet, Milan, 1999.
En vacances en Bretagne, deux enfants font la connaissance d'un fantôme qui, pour blaguer, leur cause pleins de problèmes avec la dame qui s'occupe d'eux. C'est léger, facile à lire, distrayant. Les jeunes lecteurs de 8 ans aimeront.

Un jour, j'arrêterai la guerre
Thierry Lenain
Demi-lune, Nathan, 2000.
Un autre beau texte de Lenain pour réfléchir sur la guerre.
Samir, préoccupé par la guerre, a une idée pour sauver la paix : un dialogue privé, dans sa tête, avec le Président.
Un livre tout doux, naïf, innocent.
« Je sais ce que je ferai quand je serai grand. Je rassemblerai des gens, beaucoup de gens. Des gens de tous les pays. On sera beaucoup plus que deux. On sera des millions. On ira voir les présidents. Et on leur interdira de faire la guerre. » Et vlan !

Un tartare pour le bonhomme Sept Heures
Alain Reno
Monstres, sorcières et autres féeries, Les 400 coups, 1997.
Alors, celui-ci, ouah !
Attachez vos frissons. Un texte à faire frémir, des illustrations utilisant avec force le rouge, des visages tristes et méchants, créent ici un livre épeurant.
Pour vrai.
Pour braves.

La vérité sur l'affaire des trois petits cochons
Jon Scieszka
Nathan, 1989.
Comme je l'ai revu en librairie, j'ai pensé vous le faire connaître. Le loup donne SA version de l'histoire que vous connaissez par cœur. N'est pas méchant celui que vous croyez. Ou le croirez-vous ? Cœurs tendres s'abstenir. Un livre délirant, alliant humour et dérision. Un classique.

Vieux Thomas et la petite fée
Dominique Demers
Dominique et compagnie, 2000.
Dominique Demers signe ici, à mon avis, son plus beau texte. Une histoire grandiose.
Vieux Thomas en veut à tout le monde et injure même les étoiles et le soleil. Jusqu'au jour où il ramasse une minuscule fille mourante sur la plage.
Une histoire de rédemption et de don de soi. Un livre rare.

Le village aux infinis sourires
Barrie Baker
Les grands albums, Les 400 coups, 2000.
Voici donc quatre histoires sur les habitants de ce village chinois, quelque part dans le temps. Ça se laisse humer comme un bon thé, et même l'odeur du jasmin semble y être. Les illustrations sont douces, chaudes et se marient parfaitement à ces histoires touchantes, imbibées du quotidien.
Une belle introduction à la culture chinoise. Un très bel album.

Le voleur de goûter
Amélie Cantin
Milan poche benjamin, Milan, 2000.
Quelqu'un grignote les goûters de l'école. Un élève enquête et trouvera le coupable. Le texte est ici rythmé par des répétitions bien orchestrées. Excellent petit roman qui sera, lui aussi, avalé goulûment !

Voyons
Colin McNaughton
Folio benjamin, Gallimard Jeunesse, 2000.
Réédition en format poche de la dernière aventure de Samson et le loup. Du bonbon ! Les enfants se l'arrachent. Et ce loup ? En existe-t-il un meilleur ?

Wittilda, drôle de sorcière
Caralyn Buehner
Bayard Éditions, 1999.
Wittilda, sorcière, cherche un travail pour l'aider à nourrir tous ses chats. Elle finira livreuse de pizza. Que voulez-vous ? Un balai magique, c'est le top de la livraison restauration rapide...
J'ai aimé surtout les illustrations : tous ces chats, chacun sa mimique, son regard. Toutes ces rondeurs.

Le Zorro du Bocal,
Anne-Marie Desplat-Duc
Milan poche cadet, Milan, 2000.
Magali voudrait bien un animal, mais ses parents lui refusent tout : pas de chien, pas de chat, pas d'oiseau. Ils accepteront finalement un poisson. Un poisson rouge. Un poisson rouge qui a toutes les qualités des animaux refusés ! Touchant, mignon, et illustré par Stéphane Poulin qui signe ici un livre européen. Tant mieux pour lui et pour l'Europe. Son poisson de couverture est parfait.
Les enfants riront et il vous arrachera quelques sourires.

Zzzut !
Alain M. Bergeron
Ma petite vache a mal aux pattes, Soulières Éditeur, 2001.
Ce qui m'a plu au départ, c'est l'idée folle : un garçon, la braguette prise, doit donner son exposé oral des toilettes de son école. Les gars me comprennent... Petit roman à l'écriture irrégulière (dommage) et pas si facile à comprendre à cause de la subtilité de l'humour.
Les garçons aimeront et se bidonneront.

Littérature jeunesse citée dans les chapitres du présent ouvrage

Alexis, chevalier des nuits, GRATTON, A.-A. Montréal, Les 400 coups, 2001.

Allô ? Allô !, RASHKA, C. Genève, La joie de lire, 2000.

L'amour hérisson, LENAIN, T. Paris, Nathan, 1996 (Coll. Demi-Lune).

Au revoir, Blaireau, VARLEY, S. Paris, Gallimard Jeunesse, 1986 (Coll. Folio benjamin).

Le buveur d'encre, SANSVOISIN, É. Paris, Nathan, 1996 (Coll. Demi-Lune).

Charlie et la chocolaterie, DAHL, R. Paris, Gallimard Jeunesse, 1984 (Coll. Folio cadet).

Les carnets de Lily B., LE NORMAND, V. M. Paris, Bayard, 2000.

Christophe au grand cœur, LOIGNON, N. Montréal, Dominique et compagnie, 2000 (Coll. Roman bleu).

Crocodébile, LENAIN, T. Paris, Nathan, 1996 (Coll. Première Lune).

De la petite taupe qui voulait savoir qui lui avait fait sur la tête, ELHBRUCH, W. Montréal, Les 400 coups, 1998.

Dents pointues, CABRERA, J. Paris, Milan, 2001.

Derrière la porte, MOKA. Paris, L'école des loisirs, 1996 (Coll. Médium).

De tout mon cœur, BARONIAN, J.-B. Paris, Gallimard Jeunesse, 2001.

Dix chiens dans la vitrine, PAPARONE, C. Paris, Éditions Nord-Sud, 1998.

L'enfant des ombres, MOKA. Paris, L'école des loisirs, 1994 (Coll. Médium).

Grandes oreilles, CABRERA, J. Paris, Milan, 2001.

Hop, MAUBILLE, J. Paris, L'école des loisirs, 1995 (Coll. Pastel).

J'adore les chapeaux, DAWSON, B. Richmond Hill, Les Éditions Scholastic, 1998.

Un litre de crème-glacée, KRASNY, K. Toronto, Éditions Addison-Wesley, 1991.

Le loup qui tremblait comme un fou, ROCARD, A. Paris, Nathan, 1996 (Coll. Première Lune).

Ma vengeance sera terrible, MOKA. Paris, L'école des loisirs, 1995 (Coll. Mouche).

Madame B à l'école, DUCHESNE, C. Montréal, Les 400 coups, 2001.

Maman, RANDELL, B. et autres. Richmond Hill, Les Éditions Scholastic, 1999 (Coll. Premiers mots).

Moi, RANDELL, B. et autres. Richmond Hill, Les Éditions Scholastic. 1999 (Coll. Premiers mots).

Moi la chenille, MARZOLLO, J. Richmond Hill, Les Éditions Scholastic, 1999.

Non, David, SHANNON, D. Paris, Nathan, 2000.

Les nuits de Rose, LEVERT, M. Montréal, Dominique et compagnie, 1998.

L'œil du loup, PENNAC, D. Paris, Nathan, 1994 (Coll. Pleine-Lune).

On dirait une sorcière, GOUICHOUX, R. Paris, Nathan, 2000 (Coll. Étoile filante).

Où sont les bébés? RANDELL, B. Richmond Hill, Les Éditions Scholastic, 1999 (Coll. Premiers mots).

Papa fait des câlins, LE SAUX, A. Paris, L'école des loisirs, 2000 (Coll. Loulou et compagnie).

Papa lapin, LE SAUX, A. Paris, L'école des loisirs, 2000 (Coll. Loulou et compagnie).

Papa roi, LE SAUX, A. Paris, L'école des loisirs, 2000 (Coll. Loulou et compagnie).

Petits nez, CABRERA, J. Paris, Milan, 2001.

Petits yeux, CABRERA, J. Paris, Milan, 2001.

La potion magique de Georges Bouillon, DAHL, R. Paris, Gallimard Jeunesse, 1988.

Sara va à l'école, GUETTIER, B. Paris, L'école des loisirs, 1998.

Solo chez madame Broussaille, BERGERON, L. Montréal, Québec/Amérique Jeunesse, 2001 (Coll. Bilbo).

Le Royaume de la Rivière, PATERSON K. Paris, Rageot Éditeur, épuisé.

Le terrible trimestre de Gus, KEMP, G. Paris, Gallimard Jeunesse, 1992 (Coll. Folio junior).

Stop, RANDELL, B. et autres. Richmond Hill, Les Éditions Scholastic, 1999 (Coll. Premiers mots).

Tête à poux, ROUER, B. Nathan, 1996 (Coll. Première Lune).

Tout à coup !, MCNAUGHTON, C. Paris, Gallimard Jeunesse, 1994.

Viens te balancer, TUCHMAN, G. Les Éditions Scholastic, 1997.

Bibliographie

ATWELL, N. *In the Middle, Reading, Writing and Learning with Adolescents,* Toronto, Irwin Publishing, 1987.

ATWELL, N. *In the Middle, New Understandings About Writing, Reading, and Learning,* Toronto, Irwin Publishing, 1998.

ATWELL, N. *Side by Side : Essays on Teaching to Learn*, Portsmouth, Heinemann, 1991.

AVERY, C. *...And With a Light Touch : Learning About Reading, Writing, and Teaching with First Graders*, Portsmouth, Heinemann, 1993.

BEAUDOIN, L. Allocution à l'occasion du lancement de la politique de la lecture et du livre, Québec, 18 juin 1998.

BOARDMAN MŒN, C. *Better than Book Reports : More than 40 Creative Responses to Literature*, New York, Scholastic Professionnal Books, 1992.

BOYER, C. *L'enseignement explicite de la compréhension en lecture*, Boucherville, Graficor, 1993.

BRUN-COSME, N., G. MONCOMBLE, et C. POSLIANEC. *Dire, lire, écrire : des écrivains rencontrent des enfants*, Paris, Milan, 1993.

BUCHANAN, E. *Spelling for Whole Language Classrooms,* Winnipeg, Whole Language Consultants, 1989.

BURKE, C., Y. GOODMAN, et D. WATSON. *Reading Miscue Inventory : Alternative Procedures*, New York, Richard C. Owens, 1987.

CALKINS, L. *The Art of Teaching Writing,* Portsmouth, Heinemann, 1994.

CALKINS, L., et S. HARWAYNE. *Living Between the Lines*, Portsmouth, Heinemann, 1990.

CHARNEUX, E. *La lecture à l'école*, Paris, CEDIC, 1975.

CLAY, M. *Le sondage d'observation en lecture et en écriture*, Montréal, Chenelière/McGraw-Hill, 2002.

CUNNINGHAM, P. M., et R. L. ALLINGTON. *Classrooms that Work : They Can All Read and Write*, New York, Longman, 1998.

DEMERS, D. *La bibliothèque des enfants : des trésors pour les 0 à 9 ans,* Boucherville, Québec/Amérique Jeunesse, 1995.

DOWNING, J., et J. FIJALKOW. *Lire et raisonner*, Toulouse, Privat, 1984.

FERREIRO, E., et A. TEBEROSKY, *Literacy before Schooling,* Portsmouth, Heinemann, 1982.

FERREIRO, E., et M. GOMEZ PALACIO. *Lire - écrire à l'école, comment s'y prennent-ils ?*, Lyon, Centre régional de documentation pédagogique, 1988.

FIJALKOW, J. *Le cas de la lecture-écriture*, article non publié, Toulouse, Université de Toulouse, 1998.

FIJALKOW, J. *L'écriture inventée au cycle des apprentissages fondamentaux,* Toulouse, Université de Toulouse, 1990.

FIJALKOW, J., et É. FIJALKOW. « L'écriture provisoire des enfants au cycle des apprentissages : étude génétique », G. BOUDREAU (dir.), *Réussir dès l'entrée dans l'écrit*, Sherbrooke, Éditions du CRP, 1993, p. 103-134

FIJALKOW, J., et É. FIJALKOW. *Facteurs pédagogiques et psychologiques de l'entrée dans l'écrit : problèmes méthodologiques,* article non publié, Toulouse, Université de Toulouse, 1998.

FISHER, B. *Thinking and Learning Together,* Portsmouth, Heinemann, 1995.

FOUCAMBERT, J. *La manière d'être lecteur,* Paris, SERMAP, 1976.

FOUNTAS, I. C., et G. S. PINNEL. *Guided Reading, Good First Teaching for All Children,* Portsmouth, Heinemann, 1996.

FOX, M. *Radical Reflexions : Passionate Opinions on Teaching, Learning, and Living,* San Diego, Harcourt Brace, 1993.

FREEMAN, Y. S., K. S. GOODMAN, S. MURPHY, et P. SHANNON. *Report Card on Basal Readers,* New York, Richard C. Owens, 1988.

GENTRY, J. R., et J. W. GILET. *Teaching Kids to Spell,* Portsmouth, Heinemann, 1993.

GIASSON, J. *La compréhension en lecture*, Boucherville, Gaëtan Morin Éditeur, 1990.

GIASSON, J. *La lecture, de la théorie à la pratique,* Boucherville, Gaëtan Morin Éditeur, 1995.

GIASSON, J. et coll. *Lire et écrire à la maison : programme de littératie familiale favorisant l'apprentissage de la lecture,* Montréal, Chenelière/McGraw-Hill, 2001.

GIASSON, J. *Les textes littéraires à l'école*, Boucherville, Gaëtan Morin Éditeur, 2000.

GOODMAN, K. *Le pourquoi et le comment du langage intégré,* Richmond Hill, Les Éditions Scholastic, 1989.

GRAVES, D. *Portfolio Portraits*, Portsmouth, Heinemann, 1978.

GRAVES, D. *Writing : Teachers and Children at Work,* Portsmouth, Heinemann, 1993.

GUINDON, G. *La bibliothèque des jeunes : des trésors pour les 9 à 99 ans,* Boucherville, Québec/Amérique Jeunesse, 1995.

HARWAYNE, S. *Lasting Impressions : Weaving Literature into the Writing Workshop,* Portsmouth, Heineman, 1992.

HITCHENS, C. « Goodbye to all that, Why Americans Are Not Taught History », *Harper's magazine*, 1998, p. 37-47.

HOLDOWAY, D. *The Foundations of Literacy,* Sydney, Ashton Sholastic, 1979.

JOHNSON, T. D., et D. R. LOUIS. *Literacy through Literature,* Richmond Hill, Scholastic-TAB, 1987.

JOHNSTON, P. H. *Constructive Evaluation of Literate Activity*, New York, Longman, 1992.

KOHN, A. *Beyond Standardized Testing*, Portsmouth, Heinemann, 2000.

KOHN, A. *Punished by Rewards : The Trouble with Gold Stars, Incentive Plans, A's, Praise and Other Bribes,* New York, Houghton Mifflin, 1999.

KOHN, A. *The Schools Our Chidren Deserve : Moving Towards Traditionnal Classrooms and « Tougher Standards »,* Portsmouth, Heinemann, 2000.

LE GALL, F., et L. TRONDHEIM. *Vacances de printemps,* Paris, Dargaud, 1999 (Coll. Les formidables aventures de Lapinot).

LYNCH, P. *Comment utiliser les grands livres de la littérature enfantine,* Richmond Hill, Les Éditions Scholastic, 1989.

MCCORMICK CALKINS, L. *The Art of Teaching Writing,* Portsmouth, Heinemann, 1986.

PENNAC, D. *Comme un roman,* Paris, Gallimard, 1992.

PETERSON, R. *Life in a Crowded Place : Making a Learning Community,* Portsmouth, Heinemann, 1997.

PINNELL, G. S., et I. C. FOUNTAS. *Word Matters, Teaching Phonics and Spelling in the Reading/Writing Classroom,* Portsmouth, Heinemann, 1998.

PINNELL, G. S., et I. C. FOUNTAS. *Interactive Writing,* Portsmouth, Heinemann, 1999.

RIVAS, M. *Le crayon du charpentier,* Paris, Gallimard, 2000.

ROUTMAN, R. *Conversations, Strategies for Teaching, Learning, and Evaluating,* Portsmouth, Heinemann, 2000.

ROGOVIN, P. *Classroom Interviews : A World of Learning,* Portsmouth, Heinemann, 1998.

SMITH, F. *La compréhension et l'apprentissage,* Montréal, Éditions HRW, 1979.

SMITH, F. *Writing and the Writer,* Hillsdale, Lawrence Earlbaum Associates, 1982.

SMITH, F. *Essays into Literacy : Selected Papers and Some Afterthoughts,* Portsmouth, Heinemann, 1983.

SMITH, F. *Devenir lecteur,* Paris, Colin-Bourrelier, 1986.

SMITH, F.s *Joining the Literacy Club : Further Essays into Education,* Portsmouth, Heinemann, 1987.

SMITH, F. *Insult to Intelligence : The Bureaucratic Invasion of Our Classrooms,* Portsmouth, Heinemann, 1988.

SMITH, F. *The Book of Learning and Forgetting,* New York, Teachers College Press, 1998.

STURGEON, D. *À livres ouverts,* Montréal, Les Éditions de la Chenelière, 1993.

TABERSKI, S. *On Solid Ground : Strategies for K-3,* Portsmouth, Heinemann, 2000.

TARDIF, J. *Pour un enseignement stratégique : l'apport de la psychologie cognitive,* Montréal, Les Éditions Logiques, 1992.

THÉRIAULT, J. *J'apprends à lire... Aidez-moi !*, Montréal, Les Éditions Logiques, 1995.

TREALEASE, J. *The Read Aloud Handbook*, Urbana, NCTE, 1995.

VAN GRUNDERBEECK, N. et autres. « L'enseignement de la lecture en 1re et 2e années du primaire au Québec », *L'actualité de la recherche en lecture*, Montréal, ACFAS, 1990, p. 297-309.

VAN GRUNDERBEECK, N. *Les difficultés en lecture : diagnostic et pistes d'intervention,* Boucherville, Gaëtan Morin Éditeur, 1994.

WILDE, S. « Looking at Invented Spelling : A Kidwatcher's Guide to Spelling », GOODMAN, K., Y. GOODMAN, et W. HOOD (dir.), *The Whole Language Evaluation Book*, Portsmouth, Heinemann, 1989.

WILDE, S. *You Can Read this. Spelling and Punctuation for Whole Language Classrooms, K-6*, Portsmouth, Heinemann, 1992.

Chenelière/Didactique

A APPRENTISSAGE

Accompagner la construction des savoirs
Rosée Morissette, Micheline Voynaud

Apprendre et enseigner autrement
P. Brazeau, L. Langevin
- Guide d'animation
- Vidéo n° 1 Déclencheur
- Vidéo n° 2 Un service-école pour jeunes à risque d'abandon scolaire
- Vidéo n° 3 Le parrainage académique
- Vidéo n° 4 Le monitorat d'enseignement
- Vidéo n° 5 La solidarité académique

Au pays des gitans
Un répertoire d'outils pour développer la gestion cognitive de l'attention, de la mémoire et de la planification
Martine Leclerc

Déficit d'attention et hyperactivité
Stratégies pour intervenir autrement en classe
Thomas Armstrong

Être attentif... une question de gestion !
Un répertoire d'outils pour développer la gestion cognitive de l'attention, de la mémoire et de la planification
Pierre-Paul Gagné, Danielle Noreau, Line Ainsley

Être prof, moi j'aime ça !
Les saisons d'une démarche de croissance pédagogique
L. Arpin, L. Capra

Intégrer les intelligences multiples dans votre école
Thomas R. Hoerr

Intégrer les matières de la 7e à la 9e année
Ouvrage collectif

La gestion mentale
Au cœur de l'apprentissage
Danielle Bertrand-Poirier, Claire Côté, Francesca Gianesin, Lucille Paquette Chayer
- Compréhension de lecture
- Grammaire
- Mémorisation
- Résolution de problèmes

L'apprentissage à vie
La pratique de l'éducation des adultes et de l'andragogie
Louise Marchand

L'apprentissage par projets
Lucie Arpin, Louise Capra

Le cerveau et l'apprentissage
Mieux comprendre le fonctionnement du cerveau pour mieux enseigner
Eric Jensen

Les intelligences multiples
Guide pratique
Bruce Campbell

Les intelligences multiples dans votre classe
Thomas Armstrong

Les secrets de l'apprentissage
Robert Lyons

Par quatre chemins
L'intégration des matières au cœur des apprentissages
Martine Leclerc

Pour apprendre à mieux penser
Trucs et astuces pour aider les élèves à gérer leur processus d'apprentissage
Pierre-Paul Gagné

Programme Attentix
Gérer, structurer et soutenir l'attention en classe
Alain Caron

Stratégies pour apprendre et enseigner autrement
Pierre Brazeau

Un cerveau pour apprendre
Comment rendre le processus enseignement-apprentissage plus efficace
David A. Sousa

Vivre la pédagogie du projet collectif
Collectif Morissette-Pérusset

Ec ÉDUCATION À LA COOPÉRATION

Ajouter aux compétences
Enseigner, coopérer et apprendre au postsecondaire
Jim Howden, Marguerite Kopiec

Apprendre la démocratie
Guide de sensibilisation et de formation selon l'apprentissage coopératif
C. Évangéliste-Perron, M. Sabourin, C. Sinagra

Apprenons ensemble
L'apprentissage coopératif en groupes restreints
Judy Clarke et coll.

Coopérer pour réussir
Scénarios d'activités coopératives pour développer des compétences
M. Sabourin, L. Bernard, M.-F. Duchesneau, O. Fugère, S. Ladouceur, A. Andreoli, M. Trudel, B. Campeau, F. Gévry
- PRÉSCOLAIRE ET 1er CYCLE DU PRIMAIRE
- 2e ET 3e CYCLES DU PRIMAIRE

Découvrir la coopération
Activités d'apprentissage coopératif pour les enfants de 3 à 8 ans
B. Chambers et coll.

Je coopère, je m'amuse
100 jeux coopératifs à découvrir
Christine Fortin

La coopération au fil des jours
Des outils pour apprendre à coopérer
Jim Howden, Huguette Martin

La coopération en classe
Guide pratique appliqué à l'enseignement quotidien
Denise Gaudet et coll.

L'apprentissage coopératif
Théories, méthodes, activités
Philip C. Abrami et coll.

Le travail de groupe
Stratégies d'enseignement pour la classe hétérogène
Elizabeth G. Cohen

Structurer le succès
Un calendrier d'implantation de la coopération
Jim Howden, Marguerite Kopiec

E ÉVALUATION ET COMPÉTENCES

Comment construire des compétences en classe
Des outils pour la réforme
Steve Bisonnette, Mario Richard

Construire la réussite
L'évaluation comme outil d'intervention
R. J. Cornfield et coll.

Le plan de rééducation individualisé (PRI)
Une approche prometteuse pour prévenir le redoublement
Jacinthe Leblanc

Le portfolio
Évaluer pour apprendre
Louise Dore, Nathalie Michaud, Libérata Mukarugagi

Le portfolio au service de l'apprentissage et de l'évaluation
Roger Farr, Bruce Tone
Adaptation française : Pierrette Jalbert

Le portfolio de développement professionnel continu
Richard Desjardins

Portfolios et dossiers d'apprentissage
Georgette Goupil
- VIDÉOCASSETTE

Profil d'évaluation
Une analyse pour personnaliser votre pratique
Louise M. Bélair
- GUIDE DU FORMATEUR

G GESTION DE CLASSE

À la maternelle... voir GRAND !
Louise Sarrasin, Marie-Christine Poisson

Apprendre... c'est un beau jeu
L'éducation des jeunes enfants dans un centre préscolaire
M. Baulu-MacWillie, R. Samson

Construire une classe axée sur l'enfant
S. Schwartz, M. Pollishuke

Je danse mon enfance
Guide d'activités d'expression corporelle et de jeux en mouvement
Marie Roy

La classe interculturelle
Guide d'activités et de sensibilisation
Cindy Bailey

La multiclasse
Outils, stratégies et pratiques pour la classe multi-âge et multiprogramme
Colleen Politano, Anne Davies
Adaptation française : Monique Le Pailleur

Le conseil de coopération
Un outil pédagogique pour l'organisation de la vie de classe et la gestion des conflits
Danielle Jasmin

L'enfant-vedette (vidéocassette)
Alan Taylor, Louise Sarrasin

Pirouettes et compagnie
Jeux d'expression dramatique, d'éveil sonore et de mouvement pour les enfants de 1 an à 6 ans
Veronicah Larkin, Louie Suthers

Quand les enfants s'en mêlent
Ateliers et scénarios pour une meilleure motivation
Lisette Ouellet

Quand revient septembre...
Jacqueline Caron
- Guide sur la gestion de classe participative (volume 1)
- Recueil d'outils organisationnels (volume 2)

L LANGUE ET COMMUNICATION

À livres ouverts
Activités de lecture pour les élèves du primaire
Debbie Sturgeon

Attention, j'écoute
Jean Gilliam DeGaetano

Chercher, analyser, évaluer
Activités de recherche méthodologique
Carol Koechlin, Sandi Zwaan

Conscience phonologique
Marilyn J. Adams, Barbara R. Foorman, Ingvar Lundberg, Terri Beeler

De l'image à l'action
Pour développer les habiletés de base nécessaires aux apprentissages scolaires
Jean Gilliam DeGaetano

École et habitudes de lecture
Étude sur les perceptions d'élèves québécois de 9 à 12 ans
Flore Gervais

Histoire de lire
La littérature jeunesse dans l'enseignement quotidien
Danièle Courchesne

L'apprenti lecteur
Activités de conscience phonologique
Brigitte Stanké

L'extrait, outil de découvertes
Le livre au cœur des apprentissages
Hélène Bombardier, Elourdes Pierre

Le français en projets
Activités d'écriture et de communication orale
Line Massé, Nicole Rozon, Gérald Séguin

Le théâtre dans ma classe, c'est possible !
Lise Gascon

Lire et écrire à la maison
Programme de littératie familiale favorisant l'apprentissage de la lecture
Lise Saint-Laurent, Jocelyne Giasson, Michèle Drolet

Plaisir d'apprendre
Louise Dore, Nathalie Michaud

Une phrase à la fois
Brigitte Stanké, Odile Tardieu

POUR PLUS DE RENSEIGNEMENTS OU POUR COMMANDER, COMMUNIQUEZ AVEC NOTRE SERVICE À LA CLIENTÈLE AU **(514) 273-8055.**

Chenelière/McGraw-Hill
7001, boul. Saint-Laurent
Montréal (Québec)
Canada H2S 3E3
Téléphone : (514) 273-1066
Télécopieur : (514) 276-0324
chene@dlcmcgrawhill.ca